신채호가 쓴
이순신 이야기

천천히읽는책_28

신채호가 쓴 이순신 이야기

이주영 풀어씀

펴낸날 2018년 8월 10일 초판1쇄 | 2020년 10월 28일 초판2쇄
펴낸이 김남호 | **펴낸곳** 현북스
출판등록일 2010년 11월 11일 | 제313-2010-333호
주소 04071 서울시 마포구 성지길 27, 4층 | **전화** 02)3141-7277 | **팩스** 02)3141-7278
홈페이지 http://www.hyunbooks.co.kr | **인스타그램** hyunbooks
편집 정재윤 | **디자인** 정진선 김영미 | **마케팅** 송유근 | **영업지원** 함지숙
ISBN 979-11-5741-140-5 73810

글 ⓒ 이주영 2018

이 책은 저작권법에 의하여 보호를 받는 저작물이므로 무단 전재 및 복제를 금지하며,
이 책 내용의 전부 또는 일부를 이용하려면 반드시 저작권자와 현북스의 허락을 받아야 합니다.

⚠ 주의 종이에 베이거나 긁히지 않도록 조심하세요. 책 모서리가 날카로우니 던지거나 떨어뜨리지 마세요.

신채호가 쓴

이순신 이야기

이주영 풀어씀

*
차
례

1. 이순신 이야기를 읽기 바라노라 * 7

2. 이순신이 따돌림을 당하도다 * 14

3. 이순신이 군인 정신을 지키노라 * 21

4. 이순신이 해군을 지켰도다 * 29

5. 이순신이 경상도를 구하러 가노라 * 36

6. 조선 연합 함대가 한산도 대첩을 거두노라 * 58

7. 이순신이 삼도수군통제사가 되었도다 * 71

8. 이순신이 역적으로 잡혀가도다 * 76

9. 이순신 어머니가 돌아가셨도다 * 88

10. 이순신이 다시 통제사가 되었도다 * 92

11. 이순신이 명량에서 크게 이겼노라 * 102

12. 왜적이 분풀이로 백성을 학살하도다 * 108

13. 이순신을 명나라 군사들도 존경하도다 * 111

14. 진린을 달래며 왜적을 치노라 * 118

15. 이순신이 마지막 싸움에서 이기고 돌아가시도다 * 127

16. 이순신을 위하여 온 백성이 통곡하도다 * 132

17. 이순신과 함께 싸운 장수들을 기리노라 * 139

18. 이순신을 강감찬, 넬슨과 견주어 보노라 * 158

19. 하느님이 두 번째 이순신을 기다리노라 * 165

해설_신채호가 쓴 이순신 이야기 * 168

일러두기
- 이 글은 신채호가 대한매일신보에 1908년 6월 11일부터 10월 23일까지 국한문으로 연재했던 〈수군의 제일 거룩한 인물 이순신전〉을 읽기 쉽게 풀어쓰고 다듬은 글입니다.
- 이해를 돕기 위해 사건과 배경, 지명, 관직에 대한 도움말을 붙였습니다.
- 맺음말은 옛날 맛이 나도록 본래대로 두었습니다. 처음에는 어색해도 천천히 읽다 보면 색다른 맛을 느낄 수 있겠다 싶습니다.
- 몇 가지 말은 요즘 쓰는 말로 바꾸거나 하나로 통일했습니다. 예를 들어 '수군'은 '해군'으로 바꾸고, '전함, 전선, 판옥선, 대선'은 '함선'으로 바꾸었습니다.
- 알기 쉽도록 문장을 앞뒤로 옮기거나 자르거나 조금 더 보탠 곳도 있습니다.
- 함선 수와 군사 수는 최근 연구 결과를 따랐습니다.

1. 이순신 이야기를 읽기 바라노라

오호라, 바다 건너 섬나라 왜국[1]은 오랫동안 우리나라를 침략해 왔도다. 우리나라 역사에서 침략해 온 적을 살펴볼 때 열이면 여덟은 '왜구[2]'라는 두 글자구나.

최근 100년 동안에도 왜구가 쳐들어와 편안했던 시절이 드물었으니, 바닷가 마을마다 왜구들이 재산을 약탈하고 사람을 죽여 피비린 냄새가 그치지 아니하였도다. 그런데도 용감하게 떨쳐 일어나 맞서 싸우는 자

---

1 왜국(倭國) : 지금 일본을 예전에는 왜(倭)라고 불렀고, 국(國)은 나라라는 뜻이다.
2 왜구(倭寇) : 구(寇)는 도적 떼라는 한자말이다. 따라서 바다 건너 왜국에서 쳐들어와 백성을 죽이고 재물을 빼앗아 가던 도적 떼를 말한다.

가 드물었으니 단군 자손으로서 부끄럽기가 끝이 없도다. 이렇듯 오래된 원수를 반드시 갚겠다고 내 뼈에 새긴 결심이 깊고도 깊도다.

오랜 역사에서 왜구와 맞서 싸워서 우리나라 명예를 높인 거룩한 조상을 찾아보나니, 옛날부터 내려오면서 살펴보니 첫째는 고구려 광개토 대왕[3]이요, 둘째는 신라 태종 무열왕[4]이요, 셋째와 넷째는 고려 김방경[5]과 정지[6]요, 다섯째는 조선 이순신이로다.

그 가운데 기록과 유적이 많아서 우리가 모범으로 삼기에 가장 좋은 사람은 이순신이라. 내 실력이 부족하여 이순신 정신을 잘 살려 쓰기가 어려우나 그래도 속뜻이 없는 일부 소설보다는 조금이나마 나은 것이 있을지니, 글을 아는 사람들이여, 꼭 정신 차려 이순신

---

3 광개토 대왕 : 고구려 19대 임금. 연호는 영락. 왜국이 신라를 쳐들어오자 군대를 끌고 가 왜적을 쳐서 신라를 구했다.
4 태종 무열왕 : 신라 29대 임금. 삼국 통일을 할 수 있는 기틀을 쌓았고, 죽어서도 왜적을 막는 용이 되기 위해 바다에 무덤을 만들었다고 한다.
5 김방경 : 고려 때 몽골 침략에 맞서 싸웠고, 원나라가 일본을 칠 때 고려군을 이끌고 참전했다.
6 정지 : 고려 공민왕 때 침략한 왜구를 물리치고 쓰시마를 정벌했다.

이순신 동상
광화문 앞 광장에는 세종 대왕과 이순신 동상이 있다. 이순신 동상 옆에 촛불 모양 조형물이 있는 까닭은 2016년 10월 28일 1차 촛불 집회부터 매주 이 자리에서 촛불 집회를 열었기 때문이다.
_서울 중구 광화문 광장

이야기를 읽기 바라노라.

 임진왜란[7]이 일어나던 때를 어찌 차마 말로 할 수 있으랴. 당파가 갈려 조정에서 의견이 갈라지고, 관료들이 작은 다툼에 빠져서 남을 모함하거나 아첨하는 데만 열을 내고, 소인배들이 서로 싸워 서로를 죽이는구나. 그러니 어느 겨를에 바른 정치를 의논하며, 어느

---

7 임진왜란 : 1592년 임진(壬辰)년에 왜(일본)가 일으킨 난리라고 하여 이렇게 부른다. 1597년 정유(丁酉)년에 다시 왜군이 대규모로 쳐들어온 정유재란까지를 일컫는다. 1592년부터 1598년까지 7년 전쟁으로 조선은 백성이 40퍼센트나 줄었고, 농사짓던 땅 2/3가 망가졌고, 수많은 재산과 문화재를 약탈당했다.

겨를에 위태로운 나라를 염려하며, 어느 겨를에 좋은 외교를 위해 노력하며, 어느 겨를에 옳은 군대를 훈련하리오.

수십만 왜적이 침략하자 수령[8]들이 앞다투어 도망가니 군대도 따라 흩어졌도다. 백성들이 놀라 어찌할 줄 모르니 왜적이 침략한 지 불과 15일 만에 어느새 한양까지 치몰아 왔도다.

슬프다. 그로부터 7년, 전쟁이 그치지 않고, 악독한 기운이 동해를 덮고, 조선 8도에 피비린내가 가득하였도다. 그 시대에 우리 충무공 이순신이 태어나 나라와 백성을 지켜 냈으니 그 공로가 넘치고도 넘치는도다.

위에는 높고 높은 하늘이 있고, 아래에는 넓고 넓은 땅이 있도다. 그 사이에 인류가 머물러 살고 있는데, 서로 다투고 부딪치고 바뀌며 이제껏 살아왔노라. 그러

---

8 수령 : 고려, 조선 시대 지방 고을을 다스리거나 지키던 도지사, 군수, 장수 들을 통틀어 부르던 말. 왜적이 부산으로 쳐들어오자 가장 책임이 큰 경상감사 김수, 경상좌수사 박홍, 경상우수사 원균이 싸워 보지도 않고 도망쳤다.

므로 나라와 나라 사이가 멀어 서로 오가지 아니하던 옛날에도 서로 싸우게 되면 천지가 비참하도록 피를 뿌리고 뼈가 부서지며 백성들이 결딴났도다.

하물며 세상이 이웃처럼 가까워져 백성들이 어지럽게 넘나들면서 국가와 민족 사이에 경쟁이 더욱 치열해지고, 나라마다 더 강한 군대와 무서운 무기를 만들어서 다른 나라 것을 빼앗으려고 하는 시대로다.

그런데 조선은 말로만 큰소리치다 1875년 강화도에 대포 소리가 들리자 목숨 걸고 싸우기는커녕 도망가 숨어 풀뿌리 씹으며 목숨이나 건지려고 하였도다.[9]

이렇듯 부끄럽게 목숨이나 건지려고 한다면 살아도 부끄럽고 죽어서도 부끄러운 인생이 될지라. 인생은 빈손으로 왔다가 빈손으로 가는 것이고, 사람도 죽으면 풀과 나무처럼 썩어서 사라지는 것이니라.

오호라, 바다로 멀리 나가 300년 전 일을 돌아보노

---

9 1875년 일본 군함이 강화도에 쳐들어와서 대포를 쏘고, 조선 군인들을 죽였는데도 당시 조선 정부는 일본에 맞서 싸우거나 제대로 항의하지도 못하고 굴복하였다. 그 결과 1876년에 일본에 유리하고 조선에 불리한 강화도 조약을 맺게 되었다. 당시 임금과 조정 대신들이 싸울 용기도 없고, 외교 실력도 없었기 때문이다.

라, 아득하게 넓은 바다 한가운데, 한 사람이 우뚝 서서 큰 칼을 잡고, 여러 장수들을 지휘하고 있구나. 적 함대는 개미처럼 달려들고, 탄환이 비 오듯 쏟아지는 가운데서도 꿈쩍하지 않고 굳세게 서서 하늘을 향해 우렁찬 목소리로 외치는 사람이 있도다.

"이 원수를 모두 물리쳐야만 죽어도 여한이 없겠노라."

이렇게 자기 몸을 죽이면서 나라를 지켜 낸 사람은 오늘날 어린이들도 모두 알고 있는 조선 삼도수군통제사 충무공 이순신 장군이로다.

왜적 도요토미 히데요시는 병졸로 시작해서 일본을 통일하고, 조선을 침략하려고 엿보고 있었더라. 이렇게 참혹한 전쟁이 다가오니 우리 조상이신 단군님이 나라를 지킬 사람이 없는 것을 걱정하시어 왜구에 맞서 싸울 기둥이 될 장군을 내려 보내시니, 때는 1545년 4월 28일[10] 12시, 한양 건천동[11]에서 갓 낳은 아이 울음소리가 나도다.

10 4월 28일은 양력이고, 음력으로는 3월 8일이다.
11 당시 한양 건천동은 현재 서울 중구 인현동이다.

아버지는 덕수 이씨로 이름은 정, 어머니는 초계 변씨, 할아버지 이름은 백록이라. 순신을 낳을 즈음 할아버지가 꿈을 꾸고 순신(舜臣)이라는 이름을 지어 주었다고 하더라.

아이들이 풀잎으로 피리를 불며, 대나무로 말을 타고 울타리 안팎에서 오가며 노는 것을 아이들 장난이라고 대수롭게 보지들 말라. 커서 어떤 사람이 될지 알 수 있는 싹은 흔히 이런 데서 나타나는 걸 알 수 있도다. 순신이 어렸을 때 여러 아이들과 장난하면서도 전쟁하는 진법에 맞게 군사를 배치하고, 스스로 장군이라 불렀도다. 나무를 깎아 활과 화살을 스스로 만들었고, 동네 사람 중에 옳지 못한 자가 있으면 활을 들어 그 눈을 쏘려 하였다더라.

2. 이순신이 따돌림을 당하도다

　슬프도다. 그 시대 양반 사회가 호탕하고 쾌활하게 자라야 할 남자 아이들을 방 안에 가두고 유학만 공부시켜면서 썩게 하나니, 순신이 세상에 태어난 시대는 온 나라에 유학을 공부한다면서 자잘한 예절이나 따지며 떠드는 학자만 가득하더라. 또한 할아버지와 아버지도 유학을 공부한 문반[12]이니 순신은 하늘에서 내신 무반[13]이지마는 어찌 쉽게 군인으로 자랄 수 있었으리오.

12 조선 시대에는 유학을 공부한 문반(文班)과 무술을 공부한 무반(武班)이 있었는데, 문반과 무반 둘을 합해서 양반(兩班)이라고 불렀다.
13 무반은 요즘 시대 경찰이나 군인이다.

이리하여 유학을 공부하는 두 형님을 따라 스무 살이 되도록 문과 급제를 위한 유학 공부로 세월을 보냈도다.

그러나 앞으로 바다에서 배를 타고 적군을 막아 물리치고 나라를 지키는 큰일을 이룰 사람이 어찌 글공부만 하면서 늙으리오. 부인 상주 방 씨와 결혼하고 나서 오히려 마음을 굳세게 다지며 붓을 던지고 무예를 배우니 그때 나이 스물둘이더라[14].

스물여덟에 훈련원 무과 시험을 보면서 말달리기를 하다 떨어져 왼쪽 다리가 부러졌도다. 한참을 기절해 있어서 보는 사람들이 모두 순신이 죽은 줄 알았다더라. 그런데 순신이 뜻하지 않게 한 발로 벌떡 일어서더니 옆에 있는 버드나무 가지를 꺾어 쥐었도다. 그 가지로 부러진 다리를 싸매고 말에 뛰어올라 내달리니 구경하던 사람들이 모두 놀라 손뼉을 치더라.

오호라, 이런 모습을 보니 그 용기와 인품을 알 수

---

[14] 21세에 활을 잘 쏘는 무장으로 소문난 방진의 외동딸과 결혼했다. 방진의 영향으로 문과에서 무과로 바꾸고 방진한테 무예를 배웠다고 볼 수 있다.

있도다. 자기 손가락에 조그마한 가시 하나만 박혀도 밤새 아파하는 겁쟁이였다면 무슨 일을 하리오.

큰 무대에서 활동하는 사람은 지략도 뛰어나야 하나 마음이 씩씩하고 몸이 튼튼해서 힘도 좋아야 하느니. 한번은 순신이 선산으로 성묘하러 갔는데, 묘 앞에 쓰러진 장군석을 하인 여러 명이 들어 세우려다가 힘이 모자라 모두 숨을 헐떡거리며 앉았더라. 순신이 큰 소리로 비키라 하더니 청도포를 입은 채 혼자 장군석을 들어서 제 자리에 세우니 보는 사람들이 크게 놀라더라.

어른이 되어서는 어렸을 때처럼 당돌하던 태도는 없어지고 마음 수련을 깊이 하니 어릴 때 같이 놀던 한량들이 자기들끼리는 장난말로 서로 놀리고 까불면서도 순신에게는 감히 그러지 못하더라. 군인이 되기로 결심하고부터는 오직 무예만 닦고 연구하였으니 오호라, 큰 인물이 되고자 하는 사람은 꼭 바른 마음을 먼저 배울 것이니라.

순신의 나이 어느새 서른두 살이 되었더라. 무과를 준비한 지 10여 년 만에 무과에 급제하고, 1년 가까이

훈련원
조선 시대 군관을 훈련하던 사관 학교다. 이순신이 훈련원에 근무할 때 승진 규정 원칙대로 공무를 보다가 상관의 미움을 받아서 쫓겨났다. 현재 국립중앙의료원 앞마당 가운데 표지석이 있다.
_서울 중구 을지로 6가

 기다린 끝에 권관[15]이 되었도다.

 이순신이 초급 장교가 되어 임무를 맡았으나 문관을 높게 여기고 무관을 낮게 여기는 시절인지라 제 능력을 다 발휘하기가 어렵더라. 그래도 4년 만인 서른다섯 살에 훈련원 봉사[16]가 되었는데, 그해 겨울에 상관 서익이

---

15 권관(權管) : 조선 시대 종9품 무관으로 국경을 지키는 작은 진을 맡은 책임 장교다. 요즘 계급으로는 소위나 중위 같은 초급 장교다. 순신은 함경도 삼수에 있는 동구비보 권관으로 발령을 받았다.
16 봉사 : 종8품 벼슬로 훈련원 인사 담당이다. 직속상관이었던 서익이 자기하고 친한 사람을 부정한 방법으로 승진시키라고 했으나 순신이 이에 따르지 않았더니 지방으로 쫓아냈다.

지시하는 잘못된 명령을 따르지 않아 충청병사 군관으로 쫓겨 나갔다가 다음 해에 발포만호[17]가 되었노라. 그런데 이듬해에 서익이 또 거짓 죄를 만들어 순신을 쫓아냈도다.[18]

　그해 가을에 다시 훈련원 봉사로 복직이 되고, 3년 만에 함경남도 병마절도사의 군관이 되었다가 그해 가을에 권원보를 지키는 권관으로 돌아갔도다. 그때 이순신 나이 한 해만 더하면 만 40이더라. 천리마를 알아보는 눈이 없어 대장군 될 사람이 짐수레나 끄는 말이 되어 이리저리 돌아다니니 참으로 안타까운 일이로다.

　당시 벼슬이 높고 세력이 있는 집 자식들은 재주 하나 없어도 오늘은 승지, 내일은 참판을 하며 좋은 옷 입고 맛난 것 먹으면서 잘만 돌아다니더라. 그런데 이

17　발포만호 : 전라남도 고흥군 발포에 있는 해군 부대를 지휘하는 책임자. 육군에서 해군으로 바뀌면서 갑자기 종4품 장군이 되었다. 원칙을 지키는 곧은 마음을 눈여겨본 상관이 있었던 것이다.
18　발포만호로 있을 때 훈련원에서 이순신에게 부정한 일을 지시했다가 거부당했던 상관 서익이 하필 검열관으로 와서 군기가 불량하다고 평가하는 바람에 파직되었다.

순신은 군인이 되어 7, 8년이 지나도 승진하지 못하고, 승진했다가도 도로 떨어지고, 잘했어도 죄를 받고, 못난 상관들한테 따돌림받으면서, 너무 오래도록 낮은 자리에만 얽매여 있는구나.

그때 이순신에게 알맞은 지위를 맡겨서 그 재주와 능력을 잘 발휘하게 하였다면 옛 고구려 땅인 길림과 봉천을 회복하여 광개토 대왕 기념비를 다시 세우기도 하였을 것이며[19], 일본 오사카와 규슈 지역 모든 섬을 토벌하여 신라 태종 대왕이 만든 백마 무덤을 다시 고쳐 지었을 것이리라.[20]

벼슬을 악용해 자기 이익만 챙기는 더럽고 속 좁은 무리들이 조정에 많으니 충분히 동편에 있는 나라도 정

---

19 이순신이 함경도에 근무할 때 여진족이 쳐들어와서 두만강을 건너 토벌을 했다. 그런데 상관이 상을 받고 이순신은 벌을 받았다. 이때 이순신이 높은 자리에 있었다면 길림과 봉천(지금 심양)까지 되찾았을 거라며 안타까워하는 글이다.
20 《동사강목》, 《연려실기술》 같은 옛 책을 보면 삼국 시대에 일본을 세 번 쳐들어갔다고 한다. 신라군이 오사카 100리 부근까지 쳐들어갔을 때 일본 왕이 백마를 잡아 바치면서 복종을 맹세했다고 한다. 그 증거로 백마 무덤을 만들어 놓았는데, 이순신이 일본을 친다고 했을 때 그에 맞는 자리를 주었다면 일본 서쪽 규슈와 도요토미 히데요시가 조선 침략을 준비하던 오사카 지역까지 토벌하고 백마 무덤을 다시 크게 세웠을 것이라는 뜻이다.

벌하고 서편[21]에 있는 나라도 토벌할 수 있는 대장군을 낮고 낮은 자리에 오래도록 가두어 두었도다.

21 동편은 일본 규슈 섬과 오사카 지역을 말하고, 서편은 고조선과 고구려 땅이었던 요령성과 길림성 지역을 말한다.

3. 이순신이 군인 정신을 지키노라

　이순신은 가난하고 어렵더라도 재물이나 압력에 전혀 흔들리지 아니하고 모든 일을 바르고 옳게, 원칙에 따라 스스로 처리하였도다.

　발포 만호로 있을 때 직속상관인 전라좌도 수군절제사 성박이 부하들을 보내어 관사[22] 뜰 가운데 있는 오동나무로 거문고를 만들겠다면서 베어 가려 하거늘, 이순신이 이 나무는 나라 물건인데 아무리 수군절제사라도 개인 악기를 만들자고 베는 건 안 된다고 막으니 성

---

22 관사(官舍) : 관리들이 묵을 수 있도록 지어 준 집. 관리들이 공무를 보기 위해서 내려와 잠시 묵었다 가는 집은 객사(客舍)라고도 했다.

박이 화는 났으나 어쩔 수가 없었더라.[23]

한번은 재상 류전이 이순신이 갖고 있는 화살통이 좋아서 자기한테 달라고 하거늘 이순신이 가로되,

"제 화살통을 드리는 것은 쉬운 일이옵니다. 그러나 이런 일을 다른 사람들이 알면 드린 저는 물론 받은 공까지 옳지 못하다고 할 것이니 드릴 수 없사옵니다."

하면서 주지 아니하였는데, 류전이 그 말을 듣고 옳은 말이라면서 취소하였더라.[24]

이율곡이 이조판서로 있을 때 류성룡을 통해서 한번 만나자고 하였는데, 이순신이 가로되,

"저와 같은 덕수 이씨니 서로 만나도 되겠지만 지금처럼 관리를 임명하고 내보내는 지위에 있을 때는 볼 수 없사옵니다."[25]

---

23 요즘으로 치면 해군 사령관이 개인 악기를 만든다고 해군 기지 관사 마당에 있는 나무를 베려는 걸 소령이 막았다고 보면 된다.
24 이순신이 쓰던 화살통이 아주 좋은 물건이었기 때문에 다른 사람들이 알면 분명히 뇌물이라고 할 테니 드릴 수 없다고 한 것이다.
25 이이(율곡)와 이순신은 같은 덕수 이씨. 곧 같은 집안이다. 따라서 만나도 되지만 관리를 추천하고 임명하는 이조판서로 있는 동안은 자칫 오해를 받을 수 있기 때문에 만나지 않겠다는 것이다.

하고 만나지 아니하였으니, 이율곡이 참으로 분명한 사람이라고 놀랐도다.

이순신은 평생 이처럼 국가 공무원으로서 공과 사를 분명히 하면서 말이나 행동을 조심하였고, 옳지 않은 명령에는 강직하게 맞서면서 따르지 않았노라.

건원보에 권관[26]으로 있을 때 여진족 울지내가 난을 일으키거늘 기막힌 꾀를 써서 사로잡았도다. 그런데 함경도 병마절사 김우서가 그 공을 탐냈더라. 조정에는 자기가 공을 세웠다고 보고해서 상을 받고, 순신에게는 상은커녕 자기한테 먼저 알리지 아니하고 여진족 지역까지 들어가서 싸웠다고 야단만 쳤도다.[27]

이리저리 벼슬자리를 옮겨 다닌 지 8년 만에 훈련원 참군[28]으로 승진 발령을 받았는데, 아산에 계시던 아버지가 돌아가셨도다. 천리 타향 국경에서 아버지가 돌아

---

26 함경북도 경원군에 있는 작은 부대를 책임지는 권관은 종9품이다. 종4품이던 장수 만호에서 10단계나 낮은 하급 장교 직책으로 떨어진 것이다.
27 이때 여진족을 물리친 공으로 김우서 병마절도사와 군관 두 사람이 상을 받았다. 직속상관이 부하인 이순신이 세운 공을 가로챈 것이다.
28 정7품 벼슬이다.

가셨다는 소식에 벼슬을 내놓고 아산으로 가서 3년 시묘[29]를 마치고 사복시주부[30]로 다시 발령을 받으니, 그때가 나이 마흔두 살이더라.

선조 19년, 1586년에 북쪽에서 여진족이 크게 일어나 쳐들어올 조짐이 보였도다. 조정에서 이순신을 두만강 부근에 있는 조산보만호로 임명하고 이듬해 1587년에는 녹둔도 둔전관도 같이 맡기더라.[31]

이순신이 그 섬 모양을 자세히 살피고 병마절도사 이일에게 보고하였노라.

"섬이 외따로 떨어져 있고 지키는 군사는 적으니 만일 여진족이 쳐들어오면 위험하옵니다. 병사들을 더 보내 주시옵소서."

그러나 이일이 듣지 아니하고 말하되,

"태평 시대에 군사를 더 보내서 무엇하리오."

---

29 조선 시대 양반들은 부모가 돌아가시면 3년 동안 묘 옆에서 먹고 자면서 지켰다.
30 종6품 벼슬로 궁궐에서 쓰는 말을 관리하는 책임자다.
31 조산보만호는 두만강을 지키는 수군 지휘관이다. 녹둔도는 두만강에 있는 섬이다. 이 섬에서 병사들이 먹을 양식을 마련하기 위해 농사를 지었다.

현충사
백성과 부하들을 아끼고 사랑하며 올바르고 굳세고 지혜롭게 적을 물리친 이순신의 군인 정신을 기리기 위해 세운 사당이다. 처음에는 지역 백성들이 세웠는데 나중에 나라에서 크게 세웠다. _충남 아산시 현충사

하더라. 오래지 아니하여서 여진족이 녹둔도에 쳐들어와 약탈을 하고 병사 60여 명을 잡아갔도다.

이 소식을 들은 이순신이 이운룡[32]과 더불어 병사들을 이끌고 쫓아가서 여진족 장수 몇 명을 쏘아 죽이고, 사로잡혔던 병사들을 도로 데려왔노라. 한창 열심히 싸우는 중에 여진족이 쏜 화살에 맞아 왼 다리가 상하였는데, 부하 병사들이 알면 놀라서 사기가 떨어질까

---

32 이운룡(李雲龍) : 당시 이순신과 같이 여진족과 싸운 군관으로 임진왜란 때 이순신의 부장으로 많은 전공을 세웠고, 나중에 7대 삼도수군통제사가 되었다.

염려하여 몰래 화살을 빼어서 버렸도다.

이것은 비록 작은 싸움이나 잡혀 있던 병사들을 구출하였으니 이순신이 앞을 내다보는 지혜가 있고, 또한 힘이 세고 용감한 것을 충분히 알 수 있도다.

하늘이나 바다에 살던 용도 진흙에 묻혀 있으면 벌레에게 괴롭힘을 당하노라. 저 이일이란 자가 그런 벌레 같도다. 이순신이 포로를 구해 온 공로에 상 줄 생각이 아주 없을뿐더러, 녹둔도에 군사를 더 보내 달라고 했던 말을 자기가 듣지 아니하여 자칫 크게 패할 뻔했던 것이 조정에 알려져 죄를 받는 것만 두려워했노라. 그래서 녹둔도가 여진족에게 약탈당한 책임을 이순신한테 뒤집어 씌워서 죽이려고 하더라.

이순신이 함경북도 병마절도사 이일이 부른다는 연락을 듣고 가려고 할 때 친구 선거이[33]가 손을 잡고 눈물을 흘리며 술을 권하며 말하더라.

---

33 선거이(宣居怡) : 이순신과 같은 군관으로 여진족을 같이 공격했다. 나중에 한산도 대첩 때도 이순신을 도왔고, 행주산성에서도 권율을 도와서 승리했다. 정유재란 때 울산 전투에서 전사했다.

"술이 취하면 형벌 받을 때에 고통을 잊으리다."

이순신이 정색하고 대답하여 말하되,

"죽고 사는 것은 하늘에 달려 있으니 술은 먹어 무엇 하리오."

하고, 그대로 들어갔도다.

과연 이일이 패전하였다는 글을 써서 바치라고 꾸짖으며 위협하는지라. 이순신이 가로되,

"제가 병사를 더 보내 달라고 여러 번 요청하였는데 허락하지 아니한 공문서를 다 갖고 있소이다. 어찌 저를 죄 주며, 또 제가 힘써 싸워 도적을 물리치고 포로를 도로 찾아 왔거늘 어찌 패전하였다 하시오?"

하는데, 소리와 표정이 다 씩씩하도다.

이일이 더 야단치지 못하였으나 조정에는 이순신 잘못이니 사형시켜야 한다고 보고하노라. 다행히 조정에서 관직만 빼앗고 백의종군[34]을 하도록 하였도다.

공로가 있는데도 오히려 죄를 받으니 그때 어리석은

---

34 백의종군(白衣從軍) : 신분은 그대로 유지하지만 맡은 직책은 없이 전쟁에 나가는 것. 공을 세우면 복직할 수 있었다.

관리들이 많았음을 알 수 있도다. 그러나 류성룡은 이순신의 재주에 깊이 탄복하여 무관 중에서 순서나 차례를 따지지 않고 특별이 뽑아 써야 할 인재라고 자주 천거하였더라.

4. 이순신이 해군을 지켰도다

 이순신이 백의종군하면서 여진족을 물리치는 데 공을 세워서 복직이 되었도다. 류성룡이 계속 추천하여 선조 21년, 1588년 마흔네 살에 정읍 현감이 되고, 태인 현감도 같이 맡게 되었도다. 그때에 태인 현감이 오랫동안 비어 있어서 밀려 있던 일이 많았는데 금방 모두 바르게 잘 처리하였도다. 아전과 고을 사람들이 보고 놀랐고, 어사에게 이순신을 태인 현감으로 보내 달라고 호소를 하였도다. 오호라, 무관다운 능력뿐 아니라 문관이 갖추어야 할 능력도 함께 가졌구나.
 선조 23년, 1590년 7월에 함경북도 강계 북쪽에 있는 고사리진 첨사[35]로 임명받았는데, 임기를 반도 못 채운 고을 수령을 다른 곳으로 발령을 내는 건 있을 수 없다고 대간[36]이 반대해서 취소되었도다. 조금 있다가 만포 첨사로 임명받았는데, 이번에는 너무 빠르게 승진된다고 또 대간이 반대해서 취소되었도다.

그래도 얼마 있다가 전라남도 진도 군수로 임명받았고, 바로 전라남도 완도군에 있는 가리포진 수군 첨사로 높여서 임명받았고, 또 가리포진에 도착하기도 전에 전라좌도 수군절도사로 승진하니 그때 이순신 나이 마흔일곱 살이더라.[37]

이렇게 이순신이 초고속 승진으로 남쪽 바다를 지키는 전라좌수사가 되었으니, 이순신이 제 능력을 발휘하여 군사를 바르게 지휘할 만한 자리에 올랐도다.

---

35 첨사 : 종3품에 해당하는 장군이다.
36 대간(臺諫) : 조선 시대 대관과 간관을 아울러 이르는 말.
37 곧 왜적이 쳐들어올 것이라고 생각한 류성룡이 이순신을 정3품이라는 높은 벼슬인 전라좌도 수군절도사로 보내기 위해서 반대파들과 다투면서도 계속 조금씩 높은 자리를 천거하였다. 선조 임금도 위기를 느꼈기 때문에 반대가 심했어도 류성룡의 천거를 받아들였던 것이다.

그 무렵 왜적 도요토미 히데요시가 욕심을 부려 조선과 명나라를 침략할 기회를 엿보고 있었노라. 사신을 보내어 우리나라 속사정을 염탐하며, 조선을 업신여기는 편지를 보내기도 하였도다. 이렇게 곧 쳐들어올 눈치가 보이는데도 조정에서는 신하들이 편안히 앉아서 왜적이 오지 않을 거라고 큰소리치거나, 만일 왜적이 쳐들어오면 명나라에 구원을 청하면 된다고 떠들면서 무례한 편지를 갖고 온 왜국 사신을 죽이자는 말이나 하노라.

이렇듯 조정에는 왜국을 제대로 살펴보는 지혜도 없고, 전쟁에 대비할 신하들도 적었도다. 그래도 한 모퉁이에서 곧 닥쳐올 큰 전쟁을 준비하는 사람 가운데 전라좌도 수군절도사 이순신이 으뜸이더라. 이순신은 여수 좌수영 본영과 각 진에 서둘러 군량을 비축하고 병기를 수리하며 군병을 훈련시키고 물길을 자세히 살피면서 함대를 이끌고 나가고 돌아올 길을 연구하느라 잠도 아니 자고 밥도 거르노라.

또한 뛰어난 지혜로 새로운 병선을 만들었는데, 앞

에는 용머리처럼 입을 만들었고, 배 안에서는 밖을 내다보아도 밖에서는 안을 들여다보지 못하게 지붕을 덮고, 등에는 쇠판을 깔고 강철 칼날을 박았도다. 그 모양이 거북을 닮았다 하여 거북선이라고 부르노라. 나중에 거북선으로 수백 척 되는 적선 가운데로 돌격하여 마음대로 다니면서 물리쳐 크게 이겼으니, 철갑선 조상이라고 서양 기록에서도 가끔 그 이름을 볼 수 있도다.

오호라, 이순신이 이 관직을 맡은 지 불과 1년 만에 왜란이 일어났도다. 이렇게 얼마 되지 못하는 기간에 준비한 것으로도 마침내 강한 적을 막아 내고 나라와 백성을 구하는 큰 공을 이루었도다.

왜적이 쳐들어오기 얼마 전에 육군인 신립 장군이 해군을 폐지해서 육군으로 합하자는 장계를 올려서 조정에서 허락하려 하거늘[38] 이순신이 이 소식을 듣고 얼

---

[38] 신립 장군이 일본군은 해군이 강하고 육군이 약하니 조선은 육군으로 모아서 싸우자고 하였다. 이순신 장군은 전쟁은 육군과 해군이 다 필요하니 어느 한쪽도 폐지할 수 없다고 했다. 너무나 당연한 이치인데 이렇게 어처구니없는 주장을 하는 장군이나 조정 관료 들이 있었다.

칠천량 기념관
칠천도 앞바다 칠천량은 이순신이 전쟁 초기에 경상도를 구원하러 가서
승리했던 곳이다. 그런데 나중에 원균이 크게 패한 곳이기도 하다.
역사를 바로 알려면 이긴 것도 알아야 하지만 진 것도 잊어서는 안 된다.
_경남 거제시 칠천도

른 장계를 올리면서 주장하되,

"바다로 오는 적을 막는 데는 해군이 제일이고, 전쟁을 하려면 육군과 해군이 다 필요하니 어느 한 가지도 폐지해서는 안 되옵니다."

하여, 해군이 폐지되지 아니하였도다.

그러나 각 고을 수령들이 해군을 우습게 보고 병사를 빼내서 육군으로 바꾸는 일까지 일어났도다.

이에 이순신이 전라좌도 체찰사에게 하소연하기를,

"왜구가 두려워하는 것이 조선 해군인데 각 고을 수

령들한테 요청을 해도 새 병사를 한 명도 더 보내 주지 아니하며, 병사들이 먹을 군량도 보내 주지 아니하니 이러다가는 해군이 스스로 없어지고 말 테니 나랏일을 장차 어찌하리오."

하였으며,

또 왜란이 난 후에 장계를 올렸는데,

"부산 바다를 지키는 해군들이 함선을 수리하고, 해군을 가다듬어 부산 앞바다에서 막았다면 어찌 왜적이 조선 땅에 한 발자국이나 들어왔겠사옵니까. 이런 일을 생각하오면 마음에 크게 솟구치는 분함을 이기지 못하겠나이다."

하였도다.[39]

---

[39] 원래 조선은 해군 강국이었다. 조선 초기부터 해군을 중요하게 여겨서 전함이 730여 척에 병사가 5만여 명이나 되었고, 바닷가 곳곳에 해군 진영이 설치되어 있었다. 선조 때까지 200년을 전쟁 없이 지내다 보니 속으로는 많이 부실해지기는 했지만 겉으로는 그 규모를 유지하고 있었다. 이순신 장군이 불과 1년 만에 전라좌도 해군을 그렇게 강군으로 만들 수 있었던 것은 그런 전통이 있었기 때문이다. 경상좌도와 경상우도 해군도 전쟁 전에 1년만 군법대로 정비했다면 왜적을 부산 앞바다에서 막을 수 있었다는 것이다.

그러니 그 무렵 나라에서 해군을 얼마나 소홀히 여겼는가를 알 수 있고, 전라좌도 수군절도사 이순신이 얼마나 어렵게 온갖 노력을 해서 해군을 지켰는가를 알 수 있도다.

5. 이순신이 경상도를 구하러 가노라

　왜적이 쳐들어오자 부산포 해군 첨사 정발이 이끄는 불과 수백 병사가 수만 왜적을 맞아 싸우다 마지막 한 명까지 모두 전사했고, 동래부사 송상현도 끝까지 성을 지키다 순국했고, 다대포진 첨사 윤흥신은 첫날 공격한 왜군을 물리치고 다음 날 더 많이 몰려온 왜적에 맞서 끝까지 싸우다 부하들과 함께 장렬하게 전사하였노라.
　그런데 정작 총책임자인 경상좌수사 박홍은 함선을 다 불태우고 도망하였고, 경상우수사 원균도 함선 80척을 불태우고 겨우 3척만 이끌고 도망치니 그 부하 장수와 병사 들 대부분이 도망갔도다. 육군은 이일과 신립이 나누어 통솔하였는데, 이일은 경상도 상주에서 왜적과 싸움 한 번 제대로 못하고 패해서 도망가고, 신립은 충주 탄금대에서 싸우다가 8,000명이나 되는 정예 기병을 다 잃고 자살하였도다.

전라좌수사 이순신은 불과 1년 만에 나라를 지킬 만리장성[40]을 쌓았도다. 그러니 만일 이순신한테 육군과 해군을 모두 지휘하는 대장군을 맡겼거나 삼도수군통제사라도 일찍 맡도록 했더라면 도요토미 히데요시가 100명이 오더라도 모두 부산 앞바다 물고기 배 속에 장사를 지냈을 것이니라.

부산 바다 어귀에 슬픈 구름이 덮여 있고, 영남 지방에 봉홧불은 그쳤는데, 수령들은 스스로 결정해서 칼을 빼들어 싸움에 나서지 못하고 밤새 한숨이나 쉬며

---

40 전라좌수영과 전라우수영 함선이 모두 50여 척이었다. 함선 50척으로 만리장성처럼 바다를 굳세게 지켰다는 뜻이다. 전라우수사 이억기도 전쟁에 대비해 준비했고, 이순신과 같은 직책인데도 항상 이순신을 높이고 따랐다.

한탄이나 하니 분노하는 자 애간장만 끊어지도다.[41]

임진년, 1592년 4월 15일에 경상우수영 수군절도사 원균이 보낸 공문이 왔는데, 왜선 90척이 연달아 부산 영도로 와 있다고 하도다.

4월 16일에 경상좌수사 박홍과 영남관찰사 김수가 보낸 공문이 왔는데, 왜선 350여 척이 부산포 건너편에 모여 있다 하도다. 그날 밤 10시에 원균이 급히 보낸 공문을 또 받아 보니 이미 부산이 함락되었다고 하도다.[42]

밤이지만 이순신은 즉시 전라좌수영 부하 장수들을

---

41 봉화가 끊어졌다는 말은 전쟁에 대한 소식이나 연락이 끊어졌다는 뜻이다. 그러면 각 지방 수령들이 스스로 판단해서 싸움에 나서야 하는데 한숨이나 쉬고 있다가 흩어져 도망가니 이순신처럼 왜적의 침략에 분노하는 사람들은 애간장이 끊어진다는 뜻이다.
42 1592년 4월 13일 왜선 500척이 부산 앞바다에 나타났고, 14일 왜군 17,000명이 부산포 진성을 공격했는데 첨사 정발이 이끄는 불과 수백 명 병사는 끝까지 싸우다 모두 전사했고, 다대포에서는 첨사 윤흥신이 왜적을 물리쳤다. 임진왜란 중 첫 번째 승리였다. 부하들이 더 많은 왜군이 몰려올 테니까 후퇴하자고 하였으나 첨사 윤흥신은 "최전선에 선 군인들은 끝까지 지키다 죽을 뿐 물러날 수 없다."고 하였다. 예상대로 15일 더 많이 몰려온 왜적과 끝까지 맞서 싸우다 장렬하게 전사하였다. 동래성에서도 동래부사 송상현, 양산부사 조영규, 울산부사 이언함이 병사들을 독려하며 끝까지 맞서 싸우다 장렬하게 전사하였다. 그 밖에 영남 수령과 장수 들은 왜군 숫자에 놀라 도망하였다.

몰운대
이순신은 부산 다대포 몰운대 앞바다까지 가서 왜적을 무찔렀다. 믿고 의지하던 정운 장군이 여기서 용감히 싸우다 전사하여서 무척 슬퍼하였다. 다대포는 임진왜란 때 첨사 윤흥신이 처음 왜적을 무찌르고 전사한 곳이기도 하다._부산시 다대포 몰운대

불러 상황을 알리고 어떻게 해야 할지 의견을 말하도록 하였도다.

장수들이 가로되,

"우리는 전라도 해군이니 전라도를 지키고 영남에 쳐들어온 도적은 영남 군사들이 물리쳐야지 우리가 갈 일이 아닌 것 같사옵니다."

"우리는 25척인데 왜선은 500여 척이라고 하니 너무 무리합니다. 우리가 잘 아는 이곳을 지키며 싸우는 것이 더 좋사옵니다."

그러자 뒷줄에 앉아 있던 군관 송희립이 울분을 참지 못하고 자리에서 벌떡 일어나 말하되,

"영남도 우리나라 강토요, 영남에 있는 왜적도 우리나라를 침략한 도적이옵니다. 오늘 영남이 무너지면 내일 전라도를 보전하기 어렵사옵니다."

하니, 백전노장 녹도만호 정운이 낮으나 강한 목소리로 맞다고 하고, 이어서 광양현감 어영담이 찬성하니 다른 장수들이 가만히 있더라. 이에 이순신이 그 말이 옳다며 회의 결론을 출전으로 정하고, 장수들에게 각각 맡고 있는 진영으로 돌아가 출전 준비를 해서 29일 좌수영이 있는 여수 앞바다로 모두 함선과 군사를 거느리고 모이자고 약속을 하였도다.[43]

---

43 16일 밤 회의를 하고, 29일로 출전을 잡은 까닭은 각 진에 있는 부대가 전투 준비를 해야 했기 때문이다. 또 전라좌수영 해군이 맡은 지역을 벗어나 경상도로 넘어가 싸우려면 전라도관찰사와 임금의 허락을 받아야 하기 때문이다. 16일 부하 장수들과 먼저 회의를 해서 경상도로 출전하자고 결정을 했다. 그다음에 경상도로 출전할 수 있게 해 달라는 공문을 바로 보내서 그 답을 들을 수 있는 시간까지 계산했던 것이다. 경상우수영과 경상좌수영이 무너진 까닭이 박홍과 원균이 먼저 도망치면서 부하 장수들까지 따라서 도망치기 시작했기 때문인데, 이순신은 먼저 민주적인 토론과 합의를 통해서 부하 장수들이 스스로 출전 의지를 높이도록 했다.

4월 29일 모인 함대를 지휘하여 떠나고자 하는데 정탐병인 순천 해군 이인호가 황급히 달려와서,

"남해 고을 현령과 첨사가 도적이 온다는 소식을 듣고 당황해서 도망하여 찾지를 못했으며, 관청은 물론 백성들도 모두 피난 가서 집이 모두 비었사옵니다. 관청 창고 군량도 다 흩어지고 군기창에 있던 무기마저 여기저기 흩어져 있사옵니다. 오직 군기창 행랑채 밖에서 절뚝발이 하나 홀로 앉아 울고 있었사옵니다."

하고 보고하더라. 이순신이 이 말을 듣고 크게 놀라며 탄식하였도다.

사실 남해는 여수에 있는 전라좌수영 본영과 거리가 가까워서 호각 소리가 서로 들리고, 사람이 앉아 있는지 서 있는지 알 수 있도다. 그 고을이 이미 비었다니 본영에도 적군이 금방 나타날 수 있도다.

밤중에 잠도 자지 못하고 준비해서 이튿날 임금에게 장계를 올리고 원균을 구하러 경상도 바다로 나갈 때, 배는 왜선의 1/10도 못되며, 군사도 적군에 비해 1/1,000도 못되며 무기도 적보다 부족하며, 사기도 적

들보다 약하며, 싸움에 익숙함도 적병만 못하도다. 다만 '도적이 쳐들어오니 나가 싸우는 것이 옳다'는 한 마디로 군사들 마음을 움직였고, 절대 도적한테 눌려서 살지 않겠다는 각오로 싸움하러 나가노라.

함대 규모는 판옥선이 24척이요, 종선이 15척이요, 포작선이 46척[44]이더라.

5월 4일, 첫 닭이 우는 소리에 맞춰 함대를 이끌고 급히 전진하는데, 지나는 바닷가 길마다 쌍가마를 타거나 말수레에 앉아 앞서거니 뒤서거니 하며 도망하는 자들이 길을 메우고 있으니 저자들은 다 어떤 사람인고. 모두 평화 시절에 백성이 낸 세금으로 녹봉[45]을 받아 잘 먹고 잘 입고 큰소리치며 살던 수령이니 영장[46]이니 하는 인물들이로다.

---

44 조선 해군의 주력 함선은 판옥선이고, 그다음이 종선이며, 포작선은 가장 작은 배로 연락이나 정탐을 주로 하였다.
45 녹봉 : 조선 시대 조정 관료나 지방 수령들한테 계절마다 주던 갖가지 물품이나 돈. 지금으로 치면 정부 관료나 공무원들이 받는 월급이다.
46 영장 : 조선 시대 지방 관청을 지키던 하급 장교. 지금으로 치면 경찰이나 예비군 중대장이라고 할 수 있다.

출전한 첫날은 남해 섬 주변까지 왜적이 와 있는가 수색을 하면서 미조항[47]을 지나 경상도 소을비포[48] 앞바다에서 밤을 지내노라. 5일과 6일에는 전라도와 경상도 여러 장수들이 뒤따라오므로 한곳으로 모이라고 거듭 부탁하고 거제도 송미포[49] 앞바다 가운데 이르러 날이 저물매 거기서 밤을 지냈도다.

7일 새벽에 다시 출발하여 적선이 있는 곳을 찾아가도다. 12시 무렵 옥포 앞바다에 이르니 척후대장 김완[50]이 신기총[51]을 쏴서 앞에 왜적이 있다고 알려 왔도다.

이순신이 모든 장수들한테 단단히 이르기를,

"산처럼 우뚝 서서 기다려라. 명령 없이 함부로 움직이지 말라."

하며 이를 전 함대 군사들에게 전달하도록 하고 대열을 지어서 일제히 나아가 보니 왜선 30척이 세워져 있도다.

47 미조항 : 경상남도 남해군 끝에 있는 작은 항구.
48 소을비포 : 경상남도 고성군 하일면 동화리에 있는 포구.
49 송미포 : 경상남도 거제시 남부면 다포리 대포항.
50 김완(金浣) : 사도첨사(종3품)로 당시 우척후장을 맡고 있었다.
51 신기총 : 신기전. 로켓 원리를 이용해서 쏘는 긴 화살이다.

왜선은 배마다 4면에 파랑, 노랑, 빨강, 하양, 검정으로 치장한 장막을 둘렀고, 장막 가에는 붉은 깃발과 흰 깃발을 빽빽하게 달아서 바람에 펄럭거리매 사람들 정신을 어지럽게 하더라.

우리 군사들이 일제히 크게 소리치며 죽기를 각오하고 쳐들어가니 적병이 너무 놀라 급하게 흐트러지며 총통[52] 탄환과 화살에 맞아 피를 흘리며 쓰러지도다. 약탈해서 배에 실었던 물건까지 서둘러 물에 던지면서 도망치려고 했으나 우리 군사들이 더욱 힘을 내서 왜선 수십 척을 부수고 불태우며 공격하니 온 바다에 불길과 연기가 자욱하고, 왜적이 흩어지며 물에 빠져 죽는 자가 헤아릴 수 없이 많고, 일부는 땅으로 올라가 도망하느라 자기들끼리 서로 짓밟아 다치게 하는구나.

산으로 올라간 적병을 찾아 잡으러 가다가 너무 가파르고 높은 데다가 숲이 꽉 차서 쫓아가기가 어려울뿐더러 날이 또한 저물어 어두워지므로 부득이 영등포[53]

---

52 총통 : 조선 시대 대포 종류로 배를 쏘아서 부수는 무기로 썼다.
53 영등포 : 경상남도 거제시 장목면 구영리.

앞바다로 가서 주둔하면서 지켰도다. 오후 4시쯤 척후장이 큰 왜선 다섯 척이 가까이 지나가고 있다는 연락을 보내와서 추격하여 진해 합포[54]에서 모두 무찌르고, 창원 땅 남포[55] 앞바다에서 밤을 지냈도다. 8일 아침에 진해 고리량에 왜선이 있다는 보고가 오거늘, 즉시 출발해서 가 보니 고성 적진포[56]에 왜선 13척이 있었노라. 이를 보고 여러 함선이 돌격하여 또 크게 이기니라.

군사를 잠깐 쉬면서 아침을 먹으려고 하는데, 적진포 근처에 사는 이신동이라는 백성이 산꼭대기에서 우리나라 해군 깃발을 발견하고 등에 아이를 업은 채로 엎어지고 자빠지고 울면서 바닷가로 달려오거늘 작은 배를 보내서 태워 와 도적들이 간 곳을 물으니,

"왜적들이 어제 이 포구에 와서 사람들을 마구 죽이고 재물을 약탈해서 배에 실어 놓고 저녁 7시쯤 되어

---

54 합포 : 경상남도 진해시 원포동 합개 마을.
55 남포 : 경상남도 창원시 마산 합포구 구산면 남포리.
56 적진포 : 경상남도 고성군 동해면 내산리 전도 마을. 고성군 거류면 당동리 신리 마을이라는 말도 있으나 남포 앞바다에서 출발해서 왜적을 무찌르고 아침을 먹었다고 하니, 그 움직인 시간으로 볼 때 내산리라고 보는 게 좋겠다.

배 위에서 소를 잡고 술을 먹으며 새벽이 되도록 노랫소리와 피리 소리가 그치지 아니하도록 놀다가 오늘 이른 아침에 고성 쪽으로 갔사옵니다."

하며, 눈물을 비 오듯 흘리노라.

이순신 장군이 가여운 마음을 이기지 못하여 여수에 있는 좌수영 본영으로 보내서 살 수 있게 해 주겠다고 하였으나 피난 오다 헤어진 어머니와 아내를 찾으러 가야 한다고 해서 먹을 것을 주어 보냈도다. 이순신과 함께하는 군사들이 이신동 말을 듣고 더욱 크게 분해하며 왜적을 빨리 쫓아내겠다고 맹세하노라.

이 첫 번째 출전에서 세 번 싸워 세 번 모두 이겼노라. 왜선 44척을 격침시키고, 왜적 수천 명을 죽였도다. 그러나 우리 해군은 한 명도 죽지 아니하고 오직 순천 병사 이선지가 왼쪽 팔을 총탄에 맞아 다쳤을 뿐이더라. 돌아오는 길에 각 지방 고을 수령들한테 피난민을 잘 돌보라고 하였노라.

5월 8일 적진포에서 적을 물리치고 고성 월명포에 이르러 군사를 쉬게 하면서 여러 장수와 왜적을 물리칠 전술을 의논하고 있는데, 전라도 도사 최철견[57]이 보낸 공문을 보니 왜적이 서울까지 들어가서 임금은 평양으로 피난하셨다고 하는지라.

이순신이 슬픈 눈물을 멈추지 못하고 화가 치밀어 쓸개를 쥐어짜는 듯하더라. 일본으로 쳐들어가 왜적을 모조리 휩쓸어 없애서 치욕을 깨끗하게 씻고 싶으나 함선과 양식이 부족하구나. 분한 마음이 솟구쳐 피가 끓으나 조급한 것 또한 장수된 자라면 크게 조심해야 하는 바라.

이순신이 분함을 간신히 억누르고 전라좌수영 본영으로 돌아와서 전라우수영 수군절도사 이억기에게 연락하여 부산에 있는 도적이라도 치러 가자고 하니, 이억기도 좋다고 약속하더라.

6월 3일에 온다고 하여 기다리는데 원균이 급하게 편지를 보내왔도다. 왜적이 쳐들어와 노량으로 후퇴하고

---

[57] 최철견(崔鐵堅) : 임진왜란 때 전라도 도사로 있다가 전라도 관찰사 이광(李洸)이 패해서 도망가자 스스로 군사와 백성을 이끌고 죽기를 각오하며 싸워서 전주성을 지켜 냈다. 도사는 감찰과 탄핵을 담당하는 종5품 벼슬이다.

있으니 빨리 와서 도와달라고 하는구나. 적군이 더 많이 모이기 전에 물리쳐야 하므로 우선 전라좌수영 함선 23척만 거느리고 노량 바다 가운데로 바로 들어가서 왜선을 찾아 불태웠도다.

  그런데 사천 선창[58]에 왜선 10여 척이 정박해 있고, 왜적 400여 명은 산 위로 올라가서 홍기와 백기를 어지럽게 꽂고 산등성이를 따라 뱀처럼 길게 진을 치고 있더라. 그 가장 높은 봉우리에는 장막을 특별히 설치하였으며 왜적들이 칼을 들고 내려다보며 기세를 높이더라. 활로 쏘려 하나 거리가 멀어서 어렵고 배로 쳐들어가 깨트리려 하니 밀물이 이미 끝나서 배가 빠르지 못하고, 적은 높은 데 있고 우리는 낮은 데 있어 불리한 데다 해가 지고 있거늘, 이순신이 장수들에게 가로되,

  "저 도적들 거만한 태도가 너무 심하니 바다 중간으로 끌어내서 치는 게 좋겠다."

하고, 배를 돌려서 후퇴하니 과연 왜적 수백 명이 산에

---

58 사천 선창 : 경상남도 사천시 읍남면 선진리 부근.

서 내려와 배를 타고 쫓아 나오거늘, 즉시 거북선을 앞세워 총통을 쏘면서 죽기를 무릅쓰고 돌격하여 적선 여러 척을 순식간에 쳐서 침몰시키니 왜적들이 크게 겁을 내며 다 도망가고 그림자도 없더라.

그 이튿날 6월 1일에 땅으로 올라가 도적들이 간 곳을 찾다가 2일 아침 8시쯤 당포에 이르니 큰 배 9척과 중간 배와 작은 배를 더하여 왜선 12척이 있는데, 그 가운데 한 배 위에 층루[59]가 있으니 높이가 서너 길이나 되고 바깥쪽에는 붉은 장막을 드리우고 왜장 한 명이 층루 앞쪽에 당당하게 서 있는지라.

거북선을 그 배 앞으로 똑바로 돌격해서 부딪치게 하고, 중위장 권준이 활을 쏘아 그 적장을 죽이니 왜군들이 놀라서 철환과 화살을 피하며 급하게 달아나거

---

[59] 왜군 함선 중에서 큰 배는 배 위에 집을 짓고, 그 위에 2층이나 3층으로 누각을 지어서 장수들이 지휘 장소로 사용하였다. 층루가 높을수록 더 높은 장수가 있기 때문에 이순신 함대는 전투가 벌어지면 층루가 있는 배를 공격해서 적장을 죽였다. 대부분 적 함대들 가운데 있기 때문에 돌격대가 목숨을 걸지 않으면 성공하기 어려운 일이었다.

늘, 땅으로 올라가 쫓으려 하였노라. 그때 척후선이 와서 큰 왜선 20여 척이 작은 배 100여 척을 이끌고 거제도에 와서 정박하고 있다고 보고하거늘, 재빨리 다시 배를 타고 바다로 나갔는데, 왜선들이 5리[60]나 멀리 떨어진 데서 이순신 함대의 깃발을 보고는 서둘러 도망하여 숨더라.

여러 번 싸워 연달아 이기니 그 이름과 위엄이 크게 진동하였으나 부산에서 새로 오는 적병은 날로 더 늘어나고 우리 군사는 쉬지 못하고 싸우니 지쳐서 힘들어하는데, 호적 소리가 구름에 사무치고 돛대 그림자가 공중에 날리면서 전라우수사 이억기가 약속대로 함선 25척을 거느리고 오는구나. 양쪽 군중이 기뻐 뛰면서 서로 반기며 어쩔 줄 모르더라. 이순신도 이억기 손을 잡고,

"왜적이 창궐하여 나라가 위태로운데 어찌 이리 더디 오느뇨."

---

60 5리 : 2킬로미터쯤 되는 거리. 10리는 4킬로미터, 20리는 8킬로미터다.

라면서 크게 반기더라.

이렇게 전라좌수영 이순신 함대와 전라우수영 이억기 함대 50여 척이 모여서 조선 연합 함대를 만들었는데, 경상우수영 원균도 4척을 이끌고 함께하였으니 조선 3군 연합 함대가 만들어지도다.

6월 5일 아침엔 안개가 하늘에 가득하여 앞을 보기가 어렵다가 늦게 점점 걷히거늘 이억기와 더불어 도망간 도적을 쫓기로 상의하고 돛을 달고 바다로 나가는데, 거제에 사는 백성 7, 8명이 작은 배를 타고 와서 맞으며 가로되,

"백성들이 장군을 오래 기다렸사옵니다. 장군이 아니면 우리들 부모가 도적의 칼에 죽었을 것이요, 우리들 아내와 자식들이 도적의 철환에 참혹한 귀신이 되어 하늘과 땅에 피비린내 나게 되었을 것이옵니다. 다행히 하늘이 장군을 내려 보내셨사옵니다. 장군이여, 장군이여, 저희를 낳은 사람은 부모지만 저희를 살린 사람은 장군이니 장군도 또한 우리 부모이시옵니다."

하면서 이르는데,

"당포에서 쫓겨 간 도적이 당항포[61]에 숨어 있으니 장군은 빨리 신통하신 힘을 내셔서 당항포 백성들을 살려 주소서."

하더라. 당항포 지리에 대해 물으니,

"거리는 10리쯤 되고 넓기는 배가 들어갈 만합니다."

하는지라. 먼저 작은 척후선을 보내어 지리를 살피게 하면서 자세하고 단단히 다짐하여 가로되,

"만일 도적이 쫓아오거든 거짓으로 도망치되 왜적이 뒤쫓아 나오게 곧 잡힐 것 같은 거리를 두면서 도망하라."

하고, 함선들이 그 뒤를 따라가는데 척후선이 포구 입구에 이르러 신기총을 쏘아서 적선이 있다고 보고하더라.

함선 4척은 포구 입구에 숨어 있게 하고 척후선이 간 길을 따라 들어가 보니 적병이 강을 끼고 양쪽 언덕 20

---

61 당항포 : 경상남도 고성군 회화면 당항만.

리나 되는 산등을 따라가며 진을 치고 있는데, 지형을 살펴보니 물길이 아주 좁지는 아니하여 함선이 들어갈 만하더라.

모든 배가 한 척씩 차례로 들어가서 소소강[62] 서편 언덕 아래에 이르니 큰 검은 왜선 9척과 중선 4척과 소선 14척이 있는데, 그 가운데 가장 큰 뱃머리에 3층으로 집을 짓고 하얗게 칠한 벽에 단청이 절과 흡사하도다. 집 아래는 검은 물을 들인 천으로 장막을 드리우고 그 장막에 흰 꽃을 크고 아름답게 그렸는데, 장막 안에는 많은 왜군이 줄을 지어 서 있더라. 조금 있다가 또 큰 왜선 여러 척이 숨어 있던 안쪽 포구에서 나와서 한곳에 모이니, 각 배에 모두 검은 깃발을 꽂았는데 깃발마다 '남무묘법연화경'[63] 일곱 글자를 썼더라.

---

62 경상남도 고성군 마암면 두호 마을 앞으로 흐르는 강.
63 남무묘법연화경(南無妙法蓮華經): 불교 경문의 제목으로 일본어로는 '나무묘호렌게쿄'라고 읽는다. 1274년과 1281년 원과 고려 연합군이 일본을 쳐들어갈 때 일련이란 스님이 후지산에서 일본을 구해 달라고 기도하였고, 두 차례 모두 태풍이 불어서 원과 고려군이 큰 피해를 입고 물러났다. 그 일련이 만든 종교 단체인 일련정종에서는 '나무묘호렌게쿄'라고만 부르면 개인과 나라가 모두 평화로워진다고 가르쳤다. 일련정종은 일제 침략 시기에 조선을 침략하는 데 앞장섰다.

왜적이 우리 배를 보더니 다투어 총을 쏘거늘 배를 에워싸고 거북선이 앞에서 충돌하며 싸우는데 이순신이 가로되,

"만일 저들이 질 것 같으면 배를 버리고 육지로 올라갈 것이다. 그러면 모조리 잡기가 어려우리니 우리가 거짓 패하여 후퇴하는 모양을 보이면 저들이 분명 배를 타고 따라올 것인즉, 그 틈을 타 좌우에서 협공하면 온전하게 이기리라."

하고, 한쪽으로 군사를 후퇴시키니 과연 적선이 그곳으로 나오더라.

우리가 후퇴하던 함선을 돌려서 둘러싸고 거북선으로 그 3층 집이 있는 배에 충돌하면서 총을 쏘니 3층 누각 위에 높이 앉아 있던 적장이 한마디 '애고!' 소리를 내면서 물에 떨어져 죽으니 남은 배들은 다 놀라서 흩어져 도망하도다. 항복한 왜병한테 들으니 이번 싸움에서 죽은 자는 도요토미 히데요시가 가장 믿고 아끼던 장수라고 하더라.

싸움을 더욱 독려하여 왜선을 모두 불태우고 배 한

척만 짐짓 놓아 돌려보내니, 죽이면 죽이고 살리면 살리는 것이 이순신 장군 마음대로라.

  6월 6일 새벽에 방답첨사 이순신[64]을 불러 가로되,
"어제 짐짓 놓아 보낸 배에 남은 도적이 당항포에서 산으로 올라간 도적을 구해서 새벽에 가만히 빠져나가려고 할 테니 그대는 이를 쳐서 모두 잡으라."
하더라. 방답첨사 이순신이 간 지 얼마 못 되어 급히 보고가 왔는데 과연 바다 어귀에 나가니 왜적 수백 명이 한 배를 타고 오는데, 그 가운데 왜장은 나이 스물 네댓 살가량 되었도다. 생김새가 괴상하며 화려한 갑옷을 입고, 칼을 짚고 홀로 서서 무리를 지휘하며 조금도 두려워하는 기색이 없거늘, 방답첨사 이순신이 여러 번 활을 쏘아 맞히니 10여 발이나 맞은 후에야 비로소 비명을 지르면서 물에 떨어지고, 그 남은 무리도 모두 물에 빠져 죽었다고 하더라. 이순신이 적 속셈을 헤아

---

64 이순신(李純信) : 이순신 장군과 한글 이름은 같으나 한자는 다른 장수다.

려 보는 지혜가 이러하다.

이날 비가 쏟아지고 구름이 어두워져 바닷길을 알아보기가 어려우므로 당항포 앞바다에 나가서 진을 치고 군사를 쉬게 하고, 이튿날 영등포 앞바다에 이르러 패하여 도망하던 왜선 7척을 만나서 전부 침몰시키니, 이후부터는 적병이 이순신을 만나면 크게 두려워서 바라보기만 해도 문득 달아나서 험한 곳에 숨어서 지키기만 하고 나오지 아니하더라.

이때 우리나라에서는 옛날 진나라 법을 함부로 흉내 내어 싸움에서 적을 죽여서 머리를 베어 온 수가 많고 적은 것으로 그 공로가 크고 작음을 가렸도다. 이에 이순신이 가로되,

"적군 머리를 베는 시간에 활을 한 번이라도 더 쏘는 것이 옳다."

하니, 장수와 병사들이 왜적 머리 베는 시간을 아끼고 더 많은 왜적을 쏘아 죽이노라. 그런데도 원균은 바다에서 왜적 시체를 건져서 머리를 베느라 시간을 허비하더라.

2차 출전에서 네 번 싸워 네 번 모두 이겼으며, 침몰시킨 왜선이 72척이고 왜군 주검은 바다를 덮었는데, 우리 군사는 13명이 전사하고 다친 군사가 34명이더라. 이순신은 장교나 병사나 노비를 가리지 않고 모두 그 이름과 직책과 다친 정도까지 자세히 적어서 임금에게 보고하였더라. 또 약탈당했던 식량과 생활 물품을 많이 되찾아서 바닷가 피난민들한테 골고루 나눠 주니 백성들이 굶주림에서 벗어나도다.

6. 조선 연합 함대가 한산도 대첩을 거두노라

　왜적이 뜻밖에 이순신을 만나서 싸움마다 패하고 거꾸러지자 서울까지 치고 올라간 육군한테 서해 바다로 무기와 양식을 배로 보내려던 계획이 그림의 떡이 되었더라. 이에 도요토미 히데요시가 이를 갈면서 왜군을 총동원해서 이순신 함대를 섬멸하라는 명령을 내리니 왜적들이 김해와 남해로 모여들었더라.
　이순신이 이 소식을 듣고 전라우수사 이억기 함대와 연합해서 1592년 7월 6일 새벽 3차 출전을 하였도다. 노량에 가니 기다리던 경상우수사 원균이 함선 7척[65]을 거느리고 와서 합세하더라.

7월 7일에 고성 당포에 이르니 산 위에서 한 사람이 우리 배를 보고 기뻐서 어쩔 줄을 모르며 머리를 풀어 헤친 채로 달려 내려오며 이르는데,

"나는 피란해서 오는 김천손[66]이로소이다. 오늘 점심에 왜선 70여 척을 고성 견내량에서 보았나이다."

하거늘, 모든 장수들에게 단단히 경계하면서 움직이라고 이르고, 견내량 쪽으로 가 보니 정말 왜적 선봉선 30여 척이 앞쪽에 진을 치고 있고, 그 뒤에 무수한 배가 어지러이 바다를 덮고 있더라.

이순신이 지형을 자세히 살펴보고 장수들과 의논하

---

65 임진왜란이 일어나자 경상우수사 원균에게는 배가 겨우 4척 남았는데, 3차 출전 때는 더 찾아내 수리해서 7척이 되었다. 3차 출전 때 조선 해군 연합 함대는 대선 59척에 소선 50척이었는데, 거북선이 3척 포함되어 있었다.

66 김천손 : 미륵도(경남 통영시 산양읍 미수동에 있는 작은 섬으로 미륵산이 있다)에 사는 목동인데 왜적이 침략하자 식구들을 데리고 미륵산 숲속으로 피난을 가 있었다. 이날 마침 산꼭대기에 올라갔다가 왜적이 지금의 거제 대교 부근 견내량에 도착하는 것을 보았다. 그런데 잠시 후 반대편인 당포 선창에 조선 연합 함대가 도착해 머무르는 걸 보고 바로 달려가 정보를 알려 준 것이다. 7월 7일 통영만을 사이에 두고 반대편에 정박한 양쪽 함대는 서로 그 사실을 몰랐는데 김천손 덕분에 조선 연합 함대가 먼저 알고 작전을 세워서 다음 날 한산도 대첩을 이끌어 낸 것이다. 왜적은 전투가 시작될 때까지도 조선 연합 함대가 가까이 와 있는 걸 몰랐다. 일본군한테 큰 상금을 받을 수 있는 아주 중요한 정보였지만 바닷가 백성들 중 단 한 명도 왜군한테 가서 알려 주지 않았던 것이다.

고 가로되,

"바다가 좁고 물이 얕은데, 저들이 불리하면 육지로 올라가 백성들을 해칠 수 있으니 넓은 바다 가운데로 끌어내서 도망가지 못하게 포위해서 섬멸합시다."
하고, 각각 임무를 맡겼도다.

판옥선 6척을 내보내서 왜적 함대 선봉을 급습하니 왜적이 금세 돛을 올리고 쫓아 나오거늘 우리 배가 두려운 척하면서 급히 되돌아 넓고 깊은 바다로 도망쳐 나오니 왜적이 모두 뒤쫓아 나오더라.

거친 물결이 군사들 마음을 오히려 드높이고, 넓은 바다와 하늘도 장군을 돕고 있도다. 높은 두 어깨에 4천 년 역사를 지닌 우리나라 운명을 짊어지고 원수 왜적과 승부를 가름하노니,

오호라, 대장부가 이런 기회를 만들었으니 비록 죽은들 무슨 한이 있으리오.

승자총[67]을 한 번 쏘니 도망치던 조선 함대가 돌아서

---

[67] 승자총 : 1578년 전라좌수사 김지 장군이 만든 승자총통. 한 번에 총알 15개를 넣어서 쏘며, 600보나 나가는 무기다.

한산도 대첩 전망대
전망대 앞으로 보이는 바다가 통영 견내량과 한산도 사이에 있는
바다로 이곳에서 학익진으로 왜적을 크게 물리쳤다. 이 전투 이후로
왜군은 이순신 함대 깃발만 봐도 도망치기 바빴다. _경남 통영시

며 순식간에 학익진[68]으로 왜적 함대를 포위하였노라.
거북선 3척이 재빨리 나가서 왜선 3척을 순식간에 깨
서 바다에 엎어지게 하니 모든 왜적은 혼이 나가고 우
리 군사는 기운이 솟구치더라.

순천부사 권준과 광양현감 어영담이 죽기를 무릅쓰
고 먼저 적군 배에 올라가서 왜장 2명과 왜병 22명의

---

[68] 학익진 : 학이 양쪽 날개를 크게 펴고 긴 부리로 적을 쪼아 먹는 모양으로 조선
함대로 왜적 함대를 둘러싸서 도망가지 못하게 하고 공격하는 진법. 해전에서는
사용하기 어려운 진법인데 이순신은 학익진으로 크게 승리하였다.

목을 베고, 누각이 있는 배 2척을 쳐서 침몰시켰으며, 사도첨사 김완과 흥양현감 배흥립이 왜장 1명과 왜병 24명 목을 베고, 방답첨사 이순신과 이기남, 윤사공, 가안책, 신호, 정운 같은 여러 장수와 군졸 들이 한 사람 한 사람 모두가 죽기를 무릅쓰고 다투어 앞서 나가며 누가 더 힘껏 싸우나 시험하였더라.

돛이 바람에 펄럭이고 총소리가 우레같이 일어나며 순식간에 왜병들 피로 바닷물이 다 붉어지도다. 왜선 73척이 거의 다 부서지고 다만 뒤에 떨어져 있던 몇 척이 배를 불사르고 장수를 베는 광경에 놀라 급히 도망하여 갔더라.

일본에 잡혀갔다 도망쳐 온 웅천 사람 제말[69]이 쓰시마에서 왜적들이 하는 말을 들으니 이때 죽은 왜병이 9천 명이라 하였다 하더라.

이튿날 7월 9일에 왜선 40여 척이 안골포[70]에 정박

---

69 제말(諸末) : 아마 쓰시마까지 잡혀갔다고 도망쳐 온 백성이다. 왜적에 잡혀갔다가 도망친 백성들이 오면 이순신이 불러서 정보를 자세히 듣고 먹고살 수 있도록 도와주었다.
70 안골포(安骨浦) : 경상남도 창원시 진해구 안골동 앞에 있는 포구.

하였다고 정탐병이 와서 보고하거늘 이순신이 즉시 전라우수사 이억기와 경상우수사 원균과 더불어 상의하고, 군사들 기운을 다시 돋우면서 배를 재촉하여 앞으로 나아가다가 날이 저물어서 거제 온천도[71]에서 밤을 지내고 이튿날 10일 새벽에 안골포에 이르러 왜적 운량선 59척을 유인하여 모두 섬멸하고 운량선을 호위하던 병선을 향하여 또 싸움을 시작하니 남은 도적이 배를 버리고 육지로 도망하거늘, 이순신이 또 가만히 생각하되 만일 그 배를 모두 불사르면 저들이 반드시 육지에서 배가 고프면 숨어 있는 백성을 살해하고 약탈을 일삼을 것이라. 조금 뒤로 물러나서 그들이 달아나는 길을 열어 주었도다. 오호라, 어질도다. 나라를 사랑하는 자는 반드시 백성을 사랑하는도다.

  다음 날 아침 왜적이 패하여 달아난 곳을 살펴보니 죽은 왜병 시신을 12곳에 산처럼 쌓아 놓고 불을 질렀는데, 급히 태우느라 미처 다 타지 못해 손발이 흩어져

---

71 온천도 : 칠천도(七川島)를 말하며, 경상남도 거제시 하청면에 있는 섬이다.

있는 주검들을 보니 원수 같은 왜적이지만 보는 사람도 불쌍하고 슬픈 마음이 일어나 비참하더라.

  그 후에 왜적에 잡혀갔다가 돌아온 백성들 말을 들으니 왜적 장수와 군사들이 자주 칼을 빼어 전라도를 가리키며 이를 갈더라고 하더라.

  이후부터 왜적들은 이순신 장군 이름만 들어도 두려움에 떨더라. 왜적들이 하룻밤에는 포구에서 고기 잡는 불을 멀리서 보고는 전라좌수사 이순신 군사가 온다고 놀라서 도망하니 이순신 군사가 싸우지 아니하고도 이기는구나. 경상도 바다에 왜선 그림자가 끊어지고 각 지방에 가득하던 도적들이 낮이면 숨고 밤이면 도망갈 생각으로 바닷가로 모였더라.

  한산도 대첩 이후 왜적들은 성을 쌓고 숨어서 이순신과의 싸움을 피하더라. 육지 각처에 흙으로 성을 쌓고 그 안에 집을 지어 혹 4, 5백 집 되는 곳도 있으며 혹 2, 3백 집 되는 곳도 있는데, 배를 타고 바다로 나왔다가도 이순신 부대 깃발만 보면 도망가 성안에 숨어서 나오지 아니하더라.

도요토미 히데요시 욕심 때문에 이웃과 사이좋게 지내려는 생각을 버리고 도리에 어긋난 군사를 일으켜 쳐들어왔다가 우리 이순신 장군을 만나서 한 번 패하고 두 번 패하고 세 번 패함에 이르러서 몇 만 명 용맹한 군사를 물고기 밥으로 만들었으니 저들이 아무리 강하다 한들 어찌 감히 싸우기를 다시 생각하리오. 어떻게 하든 도망갈 궁리를 할 뿐이로다.

임진년 역사를 읽는 조선 백성들은 1592년 조선 연합 함대 싸움을 보면서 '조선 만세! 조선 수군 만세! 조선 수군통제사 이순신 만세!'를 부를 만하였도다.[72]

강한 화살 끝이 그 기세를 더해 장엄하게 날아가노니, 이순신이 경상우도순찰사 김수가 보낸 공문을 보니 부산포에 모인 왜선이 500여 척이요, 왜군이 수십만이라 하더라.

---

[72] 3차 출전에서 이순신 함대는 함선 손실은 한 척도 없고 전사자 19명과 부상자 116명이었다. 장계를 올릴 때 신분이나 계급이 높고 낮음을 따지지 않고 모두 함선 순서에 따라 보고했고, 되찾은 물품 중에서 중요한 무기는 보고하고 쌀이나 옷은 전투에 나선 장병들과 굶주린 피난민들에게 나누어 주었다.

이에 1592년 8월 24일 전라우수사 이억기와 연합하여 함선 74척을 잘 가다듬어 출전하여 27일 웅천 제포[73]에 이르니 고성·진해·창원에 주둔했던 왜병은 전라도 군사가 온다는 소문을 듣고 도망한 지가 이미 여러 날이 되었더라.

8월 28일 새벽에 양산강과 김해강이 만나는 낙동강 하구 삼각주 앞바다 쪽으로 가는데 마침 그때 창원 사람 정말석[74]이 왜적에게 잡혔다가 밤을 타서 도망하여 와서 이르되,

"왜적이 가덕도 북편 서쪽 언덕에 숨어 있사옵니다. 김해강 쪽에 머물던 왜선들도 부산 몰운대[75] 쪽으로 계속해서 나가는 게 마치 도망치려는 것 같사옵니다."

하고 이르더라.

8월 29일 새벽에 닭이 우는 소리를 듣고 출발해서

---

73 웅천 : 지금의 진해시. 제포는 진해시 제덕동 앞바다.
74 정말석(丁末石) : 창원에 살던 어부. 왜적에게 사흘 동안 잡혀 있으면서 왜군이 움직이는 바닷길을 자세히 관찰했다가 목숨을 걸고 탈출해서 조선 연합 함대에 알렸다.
75 몰운대 : 부산광역시 사하구 다대동 산144. 예전에는 섬이었다. 이순신 장군과 함께 싸우다 전사한 정운 장군의 공적비가 있다.

가덕도[76]에 이르렀으나 왜적을 찾을 수가 없더라. 장림포[77]에 이르니 큰 왜선 4척과 작은 배 2척이 있거늘, 큰 배 1척을 쳐서 없애고 함선을 좌우로 나누어 두 강으로 들어가고자 하니 강어귀가 좁아서 싸움하기가 어려울 것 같아 군사를 물렸도다.

　9월 1일에 몰운대를 지나다가 동풍에 파도가 거칠었지만 큰 왜선 5척을 쳐서 없애고, 다대포에 이르러 큰 왜선 8척을 쳐서 깨 버리고, 부산 앞바다에 이르러 살펴보니 왜선이 500여 척이라. 동편에서 선봉에 선 큰 배 4척이 초량포[78]를 드나들거늘, 이순신이 원균과 이억기로 더불어 의논하여 가로되,

　"우리 군사의 위엄으로 어찌 이것을 치지 아니하리오."

하고, 깃발을 휘둘러 싸우라 명령하니 녹도만호 정운과 거북선 돌격장 이언량과 방답첨사 이순신과 좌부장

76　가덕도 : 부산광역시 강서구 천성동에 있는 섬.
77　장림포 : 부산광역시 사하구 장림동 부근.
78　초량포 : 부산광역시 영도구 안에 있던 조선 시대 항구.

신호가 먼저 앞으로 나가서 왜적 선봉선 4척을 쳐서 격침하였노라. 이긴 기운을 타서 장사진[79]으로 돌진하니 동쪽 5리 거리에 진을 친 왜적들이 감히 나오는 자가 없도다.

우리 함선이 왜선한테로 나아가 부딪치니 모든 도적이 배를 버리고 산으로 기어 올라가서 여섯 곳으로 나누어 진을 치고 내려다보면서 총을 쏘는구나. 탄환이 우박같이 내리며 혹 편전[80]도 쏘아서 우리 배를 많이 맞히는지라. 우리 군사들이 더욱 화가 나서 죽기를 무릅쓰고 다투어 공격하였도다. 각색 화살과 조총 탄환에 맞서 종일토록 크게 싸워서 왜선 100여 척을 파멸시키니 나중에 왜적이 죽은 시체를 불사르는데 그 냄새가 멀리까지 가득하더라.

날이 어두워지니 숫자가 많은 도적들이 좌우나 앞뒤로 기습할까 염려하여 이억기, 원균과 의논하여 함께

---

79 장사진(長蛇陣) : 함선들을 뱀처럼 길게 한 줄로 세워 쳐들어가는 진법.
80 편전(片箭) : 짧은 화살을 총통에 넣어서 쏘는 것인데, 그 위력이 크다. 원래 조선 군대에서 쓰는 주요 무기인데 왜군이 쏜다는 건 왜군에 항복한 조선 편전 부대원이 있다는 뜻이다. 이에 조선 해군들이 더욱 분개했던 것이다.

배를 돌려서 가덕도에서 밤을 지내고 이튿날 다시 공격해서 소탕할 전술을 의논하노라. 저들이 물에서 패하면 육지로 달아나 백성을 죽이고 약탈을 하니 이번에는 경상도 육군과 의논해서 양쪽에서 함께 치는 게 좋겠다는 생각으로 싸움을 잠시 멈추느니라.

이번 싸움은 비록 도망가 숨는 적을 찾아내 잡는 일이었으나 한산도 대첩 때보다 왜적을 더 많이 죽였다고 하더라. 승전고 소리가 귀를 울리고 모든 사람들이 같은 말로 이순신 장군을 칭송하니 기쁘도다.

그러나 이순신 가슴을 바늘이 찌르는 듯하고 화살 만 개가 꽂히는 듯하며 두 줄기 슬픈 눈물이 비 오듯 흐르니 이는 무엇 때문이뇨. 이는 녹도만호 정운[81]이 전사함을 슬퍼함이로다.

정운은 왜적이 침공한 이후로 이순신과 뜻을 같이하고 모든 일에서 앞장서 준 장수인데 그 충의가 돌과 쇠

---

81 정운 : 이순신보다 6년 먼저 무과에 합격했고 나이도 두 살 더 많았으나 처음 영남으로 출전하는 일을 의논할 때부터 출전을 강하게 주장했고, 싸움에 나서면 항상 선봉에 서서 싸웠다. 이순신이 청원해서 전라남도 고흥군 녹동 쌍충사에 모셨다.

를 뚫을 만하며 자기 한 몸이 죽고 사는 것은 생각하지 않는 사람이라. 이번 싸움에 도적을 향해 죽음을 무릅쓰고 돌진하다가 도적이 쏜 대포 탄환에 머리를 맞아서 전사하였도다. 이순신 장군이 직접 추모하는 글을 지어 제사하는데 그 애통해함이 말로 표현하기 어렵더라.[82]

---

[82] 4차 출전인 부산포 해전 기간에는 정운 장군을 비롯해 5명이 전사했고, 노비 장개세를 비롯해 25명이 부상당했다. 이순신은 장교나 일반 병사는 물론 노를 젓는 곁군이나 노비까지도 전투 중에 죽으면 모두 전사자 명단에 넣어서 장계를 올리고, 그 주검을 가족에게 보내서 장사를 지낼 수 있도록 했고, 장례 물품을 보내면서 직접 제문까지 써서 위로하였다.

7. 이순신이 삼도수군통제사가 되었도다

1592년, 임진년 이후 이순신이 여러 해 동안 큰 칼로 강한 적군을 찍어 넘기고 조선 8도 생명을 안심하게 하였으니 그 공적이 드높도다. 이순신이 바다 위에서 지낸 지가 어느덧 3년 될 때 글 한 구절을 읊으니,

"바다에 맹세하니 고기와 용이 움직이고 산에 맹세하니 풀과 나무가 아는구나."

하며 가로되,

"만일 이 원수를 섬멸할 수 있다면 죽은들 무슨 한이 남으리오."

하면서, 낮에도 편히 앉지 아니하고 밤에도 쉽게 자지

아니하며, 먹어도 맛있어하지 아니하고 병들어도 자리에 눕지 아니하며, 바다 위 뱃머리에 서서 가을바람에 흰 머리카락을 흩날리니 나라를 위하는 대장부 뜻이 큰 소리로 울리도다.

이때 조정에서 이순신 장군한테 상을 주고, 경상·전라·충청 삼도통제사로 임명하여 3도수사로 하여금 모두 그 지휘를 받게 하였더라. 역사책을 읽는 사람이라면 모두 이를 보고 반드시 춤을 추며 즐겁게 가로되,

"이충무공이 전에는 한낱 전라좌수사로도 큰 공을 이루었거든, 하물며 이제 삼도수군통제사를 하였으니 무엇을 쳐서 항복받지 못하며, 전에는 전라 좌도의 적은 수군으로도 싸움에 이기었거든, 하물며 이제 삼도수군 전부를 지휘할 수 있으니 싸워 이기지 못할 게 없을 것이며, 전에는 병권이 완전하지 못했는데도 승리를 이루었거든, 하물며 이제 병권이 완전하게 되었으니 무엇을 쳐서 이기지 못하며, 전에는 군사들 힘이 약해서 명령을 제대로 따르지 못할 때도 공을 이루었거든, 하물며 이제 여러 번 이긴 세력을 가지고 저 쇠약해진 도

제승당
이순신이 삼도(경상도, 전라도, 충청도) 해군을 모두 지휘하는 삼도수군통제사가 된 다음, 한산도에 백성을 불러 모아서 농사, 고기잡이, 소금 만들기, 무기 만들기를 하게 하면서 바다를 지켰다. 이순신이 근무하던 제승당과 수루다.
_경남 통영시 한산도

적을 압도하는 때라 무엇을 불러오지 아니하리오."

할 것이로다. 그러나 실제로 좋고 나쁨을 살펴보면 이순신이 삼도통제사가 된 뒤 형편이 되기 전보다 더 어려워졌도다.

듣는 자는 혹 믿지 아니하는가? 내 이것을 자세히 말하리라. 이순신이 장계에 가로되,

"지난해 6만이나 되는 군사가 경기도에서 모두 패하고 병마절도사가 거느린 4만 명 군사가 또한 모두 춥고 굶어서 망하였는데 이제 또 군사를 모집하는 관리가

내려와서 모집해 가옵니다. 그런 가운데 의병장들이 서로 나뉘어서 군사를 일으키고 있사옵니다."

"바닷가 각 진에서 주변 고을 백성들 가운데서 해군으로 데려간 병사가 4만 명인데 모두 농민이라 전혀 농사를 못 지어서 다시 곡식을 거둘 희망이 없사옵니다. 우리나라 8도 중에서 오직 호남이 살아남아서 군량이 모두 이곳에서 나오고 있는데, 이곳 장정들이 모두 육군과 해군으로 나가니 늙거나 어린 사람들이 양식을 구해야 하옵니다. 농사지을 사람이 없어 봄이 다 지나도록 밭이 그대로 있고, 백성이 일을 할 수 없으니 군량과 국가 재정 또한 있을 수 없사옵니다."

하였으니, 전쟁 때문에 백성들이 얼마나 많이 죽고 가난해지고 약해졌는지 알 수 있도다. 또 가로되,

"명나라 군사가 남도로 내려오면서 논밭에 자라는 곡식을 망가뜨리고, 일반 백성들 마을에 들어가서 재물을 빼앗는 바람에 백성이 소문만 듣고도 흩어져 숨사옵니다."

하였으니, 이웃나라 구원병이 얼마나 백성을 괴롭혔는

지도 알 수 있도다. 또 가로되,

"올해는 도적이 험한 곳에 들어가 나오지 아니하니 바다에서 굶주려 지친 군사로 저 도적을 치기가 어렵사옵니다."

하였으니, 도적과 싸울 수 있는 길이 없어 곤란함을 알 수 있노라.[83]

---

[83] 조선 시대에는 법으로 바닷가에 있는 각 고을에서 해군 군사와 군량을 지원하도록 되어 있었다. 그런데 해군에 소속되어 있는 지역에서까지 군사를 뽑아 가고, 군량도 가져가고, 명나라 군대가 내려오면서 왜적 못지않게 약탈을 하고 행패를 부렸다. 그래서 이순신은 삼도수군통제사가 되었지만 몇 배 늘어난 해군 병력을 유지할 군량이 부족했고, 함선을 더 만들어도 이를 타고 나가서 싸울 병사를 더 구할 수가 없었다. 더구나 전염병이 퍼져서 많은 병사들이 이 시기에 죽었기 때문에 훨씬 더 어렵게 되었다.

8. 이순신이 역적으로 잡혀가도다

　이때 의주로 피난 간 임금과 조정은 어떠한고? 왜적이 평양까지 뒤를 쫓아오니 어디로 더 갈 수 있냐며 임금과 신하가 서로 붙들고 눈물 흘리다가 다행히 바다에서 조선 해군이 막아 내고 육지에서 백성들이 의병을 일으키고 이웃 명나라에서 구원병이 와 겨우 살아났노라.
　그런데도 어제까지 당한 치욕을 잊고 오늘 잠깐 이긴 것만 즐기며, 조정에서 쓸데없는 시비나 일으키며 절대 잊어서는 안 되는 원수를 잊어버리니, 역사책을 읽는 사람들이 여기에 이르면 눈물을 흘리지 않을 수가 없으리오. 그럼에도 이런 소인배들과 조정을 비판하며 야단치기를 주저하고 가만히 보고만 있는 자는 올바른 사람이 아니로다.

그런 중에도 이순신 장군이 수년 간 애써 이루어 놓은 일을 볼지어다. 한산도는 도적을 막기에 좋은 곳이라 하여 삼도수군통제영을 한산도로 옮겨 진을 치고 밤낮으로 군사 훈련을 하면서 조정에 의견을 내서 통제영 진중에서 직접 무과를 보아 인재를 뽑았도다.

쇠를 사거나 직접 캐서 총을 만들고, 염초와 화약을 널리 구하거나 직접 만들어서 각 진영에 나누어 주며[84], 항복한 왜병 가운데서 총 잘 쏘는 자를 찾아서 우리 군사로 하여금 총 쏘는 기술을 배우게 하며, 왜총과 왜탄을 연구해서 더 좋은 총과 총탄을 만들게 하며, 함선을 더 만들어서 배치하고, 이순신을 찾아오는 피난민들에게 둔전에서 농사를 짓게 하고, 소금과 그릇을 만들어

---

84 이순신 함대의 주력 무기는 총통이었다. 지금으로 치면 대포다. 따라서 대포를 쏘는 화약이 중요했다. 1592년 전투에서 그동안 모아 두었던 화약을 다 썼기 때문에 화약을 구하는 게 급했다. 이순신 부대에서는 이봉수를 비롯한 군관들이 화약 만드는 법을 알아내서 직접 우수한 화약을 만들어서 사용했다.

팔아서 곡식을 사들이고, 고기를 잡아서 육지에 내다 팔아 식량을 사들이고, 병사와 의병을 중요한 길목에 보내서 지키게 하고, 정탐을 사방으로 보내서 왜적이 움직이는가 항상 살피더라.

 이렇게 스스로 군사를 기르며 백성들 생활을 편하게 하도다. 군량이 넉넉하고 군사의 기운이 강해져 싸우기에 넉넉하니 만일 여러 소인배들 때문에 어려움을 당하지 않았다면 이순신이 형편이 되면 장계에 썼던 것처럼 실제로 함대를 이끌고 일본으로 쳐들어가 쓰시마와 규슈를 치고, 임진왜란을 일으킨 도요토미 히데요시가 있는 오사카로 가서 왜적의 심장을 무찌르는 모습을 보았을 것이로다.

 오호라, 슬프도다. 1597년, 정유년 2월 6일 조선 임금이 삼도수군통제사 이순신은 죄를 지었으니 잡아 오라는 명을 내리고, 그 자리에 원균을 임명하였도다. 몇 년을 고생해서 준비한 군량과 화약과 총포와 함대를 모두 원균에게 넘겨주는[85] 그 마음이 어떠하였을꼬.

충무정
이순신 집에서 사용하던 우물이다. 지금도 참배객들이 먹을 수 있는 깨끗하고 맛있는 물이다. 이 물처럼 맑고 깨끗한 마음으로 나라와 백성을 위해 일한 이순신이 역적으로 몰렸다. _충남 아산시 현충사

2월 26일에 죄인을 데려가는 수레를 타고 서울로 가는 길마다 노유남녀[86] 백성들이 그 앞을 막고 큰 소리로 울면서 말하도다.

"사또, 사또여, 우리를 버리고 어디로 가시나이까. 사또가 우리를 두고 가시면 우리는 죽을 따름이옵니다."

이렇게 백성들이 슬프게 우는 소리가 천 리를 덮으며 하늘에 사무치더라.

---

85 1597년 삼도수군통제사 자리를 원균한테 넘길 때 통제영 본진에 있는 식량만 2만 가마니, 화약이 4,000근, 총통은 각 전선에 실은 것을 빼고도 300개나 있었다고 한다.
86 노유남녀(老幼男女): 늙거나 어린 사람, 남자와 여자 모두를 말한다.

누가 이런 민심을 어기고 튼튼한 성벽을 스스로 헐어서 적국이 기뻐하도록 하였는가? 어떤 사람이 이런 화를 끼치는 재앙을 만들어 내었는가?

혹 이르되 왜장 고니시 유키나가의 계략이라고 하나, 무릇 물건이 썩은 뒤에야 버러지가 생기나니 우리 조정에 틈이 없으면 고니시 유키나가가 꾀가 아무리 많다고 한들 어찌 이런 일이 있을 수 있으리오. 그러니 나는 고니시 유키나가 죄가 아니라 하노라.

혹은 가로되 원균이 모함했기 때문이라고 하나, 한 사람 손으로 모든 사람 눈을 가리기 어려우니 조정이 밝으면 원균이 비록 시기하고 모함한다고 해서 어찌 그 악독함이 발을 붙이리오. 그러니 나는 원균의 죄도 아니라 하노라.

이순신이 억울한 죄인이 된 것은 유키나가 죄도 아니요 원균 죄도 아니라 하면 누구 죄인가? 나는 한 마디로 가로되, '이는 조정 신하들 가운데서 사사로운 당파에 빠진 무리들이 지은 죄라' 하노라.

왜적이 침략하느냐 아니하느냐는 가장 중대한 문제

인데, 당초 황윤길, 김성일이 일본에 사신으로 갔다가 와서 말하길, 황윤길 당파는 윤길을 따라서 '왜가 반드시 침략한다' 하고, 김성일 당파는 성일을 따라서 '왜가 반드시 침략하지는 아니한다' 하였도다.

겉으로만 보면 반드시 침략한다와 반드시 침략하지는 아니한다는 그 의견이 서로 다른 것 같으나 그 실상을 한 번 더 생각해 보면 오십 보 백 보 차이에 지나지 못하노라. 그런데도 생각 없이 자기 당파 주장만 따르다 도요새와 조개 꼴이 되었도다.[87]

이제 이순신이 어려움을 당한 까닭은 조정에서 사사로운 당파 때문에 생겨난 것이라 보니 오호라, '변란은 하늘에서 내려오는 것이 아니라 사람이 스스로 부르는 것이라' 하는 옛말이 하나도 틀림이 없도다.

물론 평화로운 시절에는 한가하게 당파 싸움 하는 것이 서로 나쁜 일을 경계하게 할 수도 있으니 괜찮을

---

[87] 도요새가 조개를 잡아먹으려 하는데 조개가 도요새 부리를 물어 버렸다. 둘이 서로 다투다가 어부에게 잡히고 말았다는 옛이야기다. 한자 성어로는 방휼지쟁(蚌鷸之爭)이라고 하는데, 대립하는 두 세력이 다투다가 결국은 구경하는 다른 세력에게 이익을 내주는 싸움을 뜻하는 말이다.

수도 있느니라. 그러나 큰 도적이 침략해서 물러가지 아니하고 한 걸음이라도 잘못 디디면 나라가 위태로운데, 조정에서 당파를 지어 다투니 왜적 고니시 유키나가와 가토 기요마사가 꾀를 내어 이것을 이용했으며, 속 좁은 원균이 자기 욕심에 눈이 멀어 이것을 악용하여 이순신 자리를 가로챈 것이니 가장 큰 적폐로다.

당시 왜적들이 이순신 장군 이름만 들어도 화가 나서 이를 갈거나, 놀라서 담이 떨어지듯 두려워하거나, 이순신은 하늘이 내린 신이라 천하에 맞설 수 있는 사람이 없다며 머리 숙여 공경까지 하였노라.

이러니 도요토미 히데요시가 하늘을 우러러 탄식하고, 고니시 유키나가는 마음이 탈 뿐이었더라. 한데 조선을 가만히 살펴보니 원균이 자기가 나이도 많은데 이순신보다 아래가 된 것을 항상 시기하고 불평하는 마음을 품고 이순신을 헐뜯고 욕하더라. 또 원균을 돕는 당파가 세력이 강하고 이순신을 돕는 당파가 그 세력이 약하더라. 왜적으로서는 이런 틈이 없어도 만들어야 하는데, 하물며 이런 틈이 있음을 알았으니 어찌 즐겁지 아니하리오.

  도요토미 히데요시가 걱정을 떨치고 웃으며 가로되,

  "이순신한테 원수를 갚을 방법이 있도다."

하면서, 고니시 유키나가한테 꾀를 알려 주었더라.

  고니시 유키나가 부하인 요시라가 경상우병사 김응서한테 정성을 다해 뵙기를 청하는데, 우리나라 옷을 입고 우리나라 갓을 썼으니 엄연한 우리나라 사람이라. 요시라가 김응서를 뵙고 왜적 소식을 일일이 알려 주다가 살짝 고니시가 화친을 하고 싶어서 만나기를 청한다고 전했도다.

  김응서가 권율 도원수에게 보고하고, 권율 도원수가 조정에 말하였더니 김응서한테 직접 가서 왜적을 정탐하라 하는지라. 김응서가 군사 100여 명을 거느리고 가니 고니시는 수백 명을 거느리고 나왔더라. 그런데 모두 우리나라 옷을 입고 절을 하며 화친할 수 있게 도와달라고 간절히 부탁하더라.

  그러면서 슬그머니 이르되,

  "일본이 조선과 친하게 지내고 싶은 의견으로 통일하

지 못하는 까닭은 모두 가토 기요마사 때문이옵니다. 제가 그를 죽이고자 한 지 오래되었는데 기회가 없었사옵니다. 이제 가토 기요마사가 일본에서 다시 건너온다고 하옵니다. 제가 그때를 알아봐서 알려 드리겠사옵니다. 조선에는 통제사 이순신 같은 명장이 있으니 이순신이 바다 가운데서 맞아 치면 가토 기요마사를 잡기가 어렵지 아니할 것이옵니다. 그러면 조선은 원수를 갚는 것[88]이요, 가토가 죽으면 화친을 맺을 수 있으니 저한테도 기쁜 일이옵지요."
하면서, 은근히 간청하였도다.

권율 장군이 이 말을 조정에 보고하였고, 조정에서 이 말을 믿고 이순신에게 바다 가운데로 나가 가토를 잡으라고 명령을 내렸도다.

그러나 이순신 장군이 어찌 이런 계략에 빠지리오.

---

[88] 임진왜란 때 고니시 유키나가는 1군 대장으로 서울과 평양으로 침략했고 가토 기요마사는 2군 대장으로 강원도와 함경도로 쳐들어가 임화군과 순화군 두 왕자를 잡았기 때문에 조선에서는 제일 미워하는 적장이 되었다. 고니시와 가토는 평소에도 사이가 좋지 않았는데, 그런 사실을 조선 조정에서도 알고 있었기 때문에 고니시의 말을 쉽게 믿었다.

왜적이 자기를 잡기 위해 만든 함정이라는 것을 눈치 채고 나가지 않았더라. 그러자 고니시가 또 사람을 보내어 말하되,

"가토가 이미 장문포[89]에 와서 머무르고 있으니 급히 가서 치라."

재촉하거늘, 이순신이 살펴보니 분명한 함정인지라 나가지 아니하였도다.

   그런데 조정에서 왜적과 조선 해군 형편도 모르고, 병법도 모르면서 큰 소리나 치는 무리들이 그 입만 살아서 이순신이 가토가 다시 조선을 침략하게 놓아준 역적이라 몰고, 원균은 자기가 당장 나가서 가토를 잡겠다고 임금에게 거듭 거듭 큰소리치니, 이순신을 죄인이라고 잡아가고 원균을 그 자리에 앉혔도다. 오호라, 왜적이 세운 계책대로 되었구나.

---

89 장문포 : 경상남도 거제시 장목면 장목리.

3월 4일 저녁 감옥으로 들어갈 때 친척이 와서 슬프게 헤어지며,

"일이 어떻게 될지 알 수 없으니 장차 어찌할꼬?"

하거늘 이순신이 씩씩하게 가로되,

"죽고 사는 것은 오직 하늘에 달린 것이니 죽으면 죽을 따름이라."

하더라. 이순신과 함께 죽기로 맹세하고 싸우던 전라 우수사 이억기가 보낸 위문편지를 갖고 온 하인이 수사 이억기가 '우리가 곧 패하리니 어디 가서 죽을지 알지 못하리라' 했다고 전하면서 눈물로 옷깃을 적시더라.

영의정 정탁이 구원해 달라고 상소하고, 체찰사 이원익이 구원해 달라고 장계를 올려도 안 되도다. 류성룡은 자기가 추천했으니 말을 못하고 탄식하는데, 감옥에 갇힌 지 26일이 되어도 풀어 주겠다는 명이 내려오지 않으니 임금의 뜻을 알기 어렵도다.

오호라, 이순신 한 사람 죽는 것이 어찌 이순신 한 사람이 죽는 것이리오. 곧 이억기를 비롯한 여러 장수들이 죽는 것이며, 곧 삼도수군 병사들이 죽는 것이며,

곧 온 나라 백성들이 죽는 것이로다. 그러므로 남도 군인과 백성 들이 밤마다 하늘에 빌기를 이순신 대신 자기가 죽기를 소원하는 사람들이 많더라.

9. 이순신의 어머니가 돌아가셨도다

　나라가 위태로우니 백성을 구하겠다는 큰 뜻을 마음에 품고 부모와 처자를 떠나는 것은 대장부라면 당연히 해야 할 일이로다. 그러나 아무리 군대에 일이 많아 바쁜 중이라도 문득 머리를 들어 부모와 처자를 생각할 때 어찌 마음이 아프지 아니하리오. 그러니 이순신 일기를 볼 때, 날마다 그 어머니를 궁금해하고 걱정하며 답답해하였도다. 이순신은 나라를 구한 다음에 벼슬을 내놓고 어머니를 모시고 지내면서 살기를 바랐노라.
　애달프다 하늘이여, 착한 사람을 돕지 아니함인가.

게바위
이순신 장군이 백의종군할 때 여수에 계시던 어머니(82세)가 아들을
보려고 배를 타고 오시다가 돌아가셨다. 이순신이 달려와 배에서 업고 나와
이 게바위에서 통곡했다고 한다. _충남 아산시 인주면 해암2리

그 어머니 변 씨가 아들이 죄인 되어 감옥에 갇혔다는 소식을 듣고 근심하다 병이 들은지라.

  4월 1일 이순신이 감옥에서 풀려나와 백의종군으로 권율 원수한테 가서 공을 세워 죄를 씻으라는 임금님 명을 받들고 남쪽 바다로 가는데, 병든 어머니를 한번 뵙고자 하는 마음이 어찌 없겠는가? 그러나 전쟁이 급하니 어찌할 수 없어 아산 집에 잠깐 들렀다가 길을 떠나는데, 집 하인이 와서 어머니가 돌아가셨다고 알려 주었다.

여수에 계시던 어머니가 아들을 보기 위해 아프신 몸을 이끌고 아산으로 배를 타고 오시다 배에서 돌아가신 지 이미 이틀이나 지났도다.

금부도사에게 부탁하여 배에 가서 어머니를 안고 나와 게바위[90]에 눕히고 관을 가져다 집으로 모셨도다. 통곡하며 절하고 나머지 장례 절차는 가족과 친지에게 맡기고 전쟁터로 떠나가노라.

이순신 일기를 보다가 이 구절에 이르러 눈물을 흘리지 아니할 사람이 어디 있으리오.

전에는 바다에서 삼도수군통제사로 함대를 지휘하던 이순신이 이제 다른 사람 밑에 있는 군사가 되어, 동쪽으로 가나 서쪽으로 가나 남쪽으로 가나 북쪽으로 가나 남이 내리는 명령을 기다려야 하니, 그 마음이 어떠할꼬? 그러나 이순신은 죽고 사는 것도 생각하지 않는데, 하물며 잠시 이런 일에 마음 쓰리오.

---

90 게바위 : 충청남도 아산시 인주면 해암리에 있는 게 모양의 바위.

다만 눈물을 흘리고 통곡할 일은 어머니가 애달프게 돌아가시고, 원균이 함부로 해서 해군이 망가지고 있다는 소식이고, 나라가 비참한 전란에 다시 빠져들고 있는 것이노라.

10. 이순신이 다시 통제사가 되었도다

 1597년 7월 14일에 원균 함대가 절영도 앞바다에서 왜적과 싸우다가 풍랑에 7척이 떠내려갔다 하며, 15일에도 우리 배 20척이 또 왜적에게 패하였다 하며, 16일에는 원균이 칠천량에서 배를 버리고 혼자 육지로 도망하는 바람에 각 함선과 군졸이 일시에 흩어지니 죽은 장수와 군사가 너무 많았다고 하더라.[91]

 이순신과 여러 해 함께하던 전라우수사 이억기 장군도 이 싸움에서 전사했다는 소식을 군관 이덕필이 와

---

91 칠천량 해전에서 원균이 패하면서 이순신이 몇 년 동안 준비해 놓은 많은 군선과 무기와 군사가 순식간에 다 무너지고, 겨우 13척만 남았다.

서 전하니, 이순신이 분한 눈물을 뿌리며 칼을 차고 앉아 있더라.

도원수 권율이 와서 물어 가로되,

"일이 이 지경에 이르렀으니 어찌하면 좋겠는가."

하니, 이순신이 가로되,

"제가 바닷가 마을로 직접 가서 백성과 우리 군사들과 왜적을 살핀 후에 방략을 정하겠사옵니다."

하니, 도원수가 허락하였도다.

이순신이 19일에 단성[92]산성에 올라가서 형세를 살피고, 20일에 진주 정개산성을 돌아보고, 산 아래 강정에서 잤노라. 21일에 일찍 출발해서 곤양[93]을 지나는데, 고을 백성이 이 난리 중인데도 논밭에서 부지런히 일을 하더라. 어떤 사람은 밭에서 김을 매고 어떤 사람은 곡식을 거두거늘, 순신이 지나다가 두 번 절하고[94] 가니

---

[92] 단성 : 지금의 경상남도 산청.
[93] 곤양 : 경상남도 사천시 곤양면.
[94] 전쟁 중에도 농사를 짓는 백성들이 고마워서 절을 하였다. 한 번이 아니고 두 번 절을 한 것은 백성들이 농사를 짓지 않으면 군인이 싸울 수 없고 나라도 있을 수 없기 때문이다.

라.

노량에 이르니 거제군수 안위를 비롯해 10여 장수가 와서 서로 보고 통곡하도다.

칠천량에서 패한 까닭을 물으니 모두 가로되,

"원균이 도적을 보고 먼저 달아난 까닭이옵니다."

하였다. 밤새 이야기를 나누며 배 위에서 잘새 분이 가슴에 맺혀 밤새도록 잠들지 못하더라.

8월 3일 선전관 양호가 삼도수군통제사 재임명 교지와 선조가 보낸 편지를 갖고 왔더라. 파직되고 5개월 만에 다시 통제사가 되었으나 그 5개월 사이에 조선 해군은 전멸하다시피 하였도다.

8월 5일에 곡성을 거쳐 옥과[95]에 이르니 피난하는 백성이 길에 가득하거늘 말에서 내려 고을로 들어가 안심하고 있으라 이르고, 6일에 군관 송대립을 보내 도적들 움직임을 탐지케 하고, 7일에 순천으로 가다가 패하고 떠도는 군사 한 명과 말 세 마리와 화살을 조금 거두어

---

95 옥과 : 전라남도 곡성군 옥과면.

전라우수영
이순신이 다시 삼도수군통제사가 되어 전라우수영이 있던 이곳에 와서 명량 해전을 준비할 때 지역 주민과 피난민들이 적극 지원하였다. 전라우수영 터에 이순신 영정을 모시는 충무사를 새로 크게 짓고 있다. _전남 해남군 우수영

곡성 강정에 와서 자노라.

  8일 순천에 이르니 고을 관리가 모두 도망하여 성 안팎에 사람 자취가 없이 고요하나 관청과 창고에 무기와 식량이 그대로 있는지라. 이순신 가로되,

  "우리가 간 뒤에 왜적이 이것을 갖다 쓸 테니 이대로 두는 것은 옳지 않다."

하고, 모두 땅에 묻고 편전만 군관에게 나누어 주었노라.

  9일 낙안에 이르니, 병사는 도망하고 읍리는 불이 나

서 보기에 슬프고 참혹한 중에 관리와 백성 들이 이순
신 장군이 오셨다는 말을 듣고, 숲속에서 나오고 돌구
멍에서 나와 이순신이 탄 말 아래로 모여 와서 음식을
다투어 드리는 것을 받지 않겠다고 하니 울면서 억지로
드리더라.

17일에 장흥[96]에 이르러 백사정에서 말을 먹이고 군
영에 이르니, 주변 백성이 모두 도망하고 개 짖는 소리
도 없더라.

도적들 기세가 바다에 가득하고 군사와 백성은 기운
과 마음이 흙같이 무너졌으니, 이순신 장군 눈에서 눈
물이 스스로 흐르도다. 이 책을 읽는 사람들은 앞으로
펼쳐질 이충무공 재주를 볼지어다.

1597년 정유년 8월 3일에 칠천량에서 원균이 패하고
죽었다는 소식이 들리매 조정과 백성이 크게 놀라는지
라, 임금이 급히 신하들을 불러서 어떻게 된 것인지를

---

96 장흥 : 전라남도 장흥군.

물으나 모두 놀라서 감히 대답하는 자가 없더라.

경림군 김명원이 조용히 아뢰되,

"이는 원균이 잘못한 것이니 먼저 이순신을 다시 통제사로 임명하셔야 하옵니다."

하니, 임금이 옳게 여기고, 이순신을 다시 충청·전라·경상 삼도통제사로 임명하면서 가라사대,

"오호라, 우리나라 울타리가 해군인데 도적이 다시 쳐들어오니 삼도수군이 한 번 싸움에 크게 져서 눈썹이 탈 정도로 위급하게 되었도다. 당장 할 일은 흩어져 도망한 군사를 모으고, 함선을 다시 모아서 급히 안전한 곳에 자리를 잡아야 강한 도적을 막을 터인데, 이 책임을 다할 자는 백성이 따르는 사람이 아니면 할 수가 없는 일이로다. 경은 임진년에 침략한 왜적을 크게 이긴 후에 백성들 사이에 이름이 널리 알려졌으며, 군사들이 믿고 따르는구나. 그런데 일을 잘하지 못하여 내가 벼슬을 갈고 큰 죄를 주어 이렇게 패하는 치욕을 당하였으니 내가 이제 무슨 말을 하리오. 이제 경을 특별히 뽑아서 충청·전라·경상 삼도통제사를 다시 맡기

나니, 경은 삼도수군통제영에 가서 먼저 흩어진 백성과 군사를 불러 모아 적으로부터 바다를 막을지어다. 경이 나라를 위하여 몸을 바쳐 형편에 따라 앞으로 나가거나 뒤로 물러섬을 잘하는 것을 알았으니 내가 어찌 다른 여러 말을 하리오."
하더라.

8월 19일에 이순신이 여러 장수들을 불러 임금님이 보낸 임명장과 편지를 함께 읽었도다.

이순신 장군이 다시 통제사가 되었다는 소문을 듣고 흩어졌던 병사들이 찾아와서 모이니 군사 120명과 함선 10척이 모였더라. 서로 맹세하여 가로되,

"우리가 나라를 위하여 한 번 죽는 것인데 어찌 목숨을 아낄 것인가."

하니, 장수와 병사 들이 모두 감격하여 눈물을 흘리더라.

전라우수사 김억추에게 명령하여 함선을 수리하며 거북선을 만들어 군인들 기세를 돋우게 하였도다.

24일에 어란포[97]로 나아갔더니, 28일에 적선 8척이 몰

래 와서 기습하려고 하더라. 이순신이 호각을 불고 깃발을 휘두르며 쳐들어가니, 왜적이 도망가도다. 9월 7일에 또 적선 13척이 오다가 이순신이 배를 타고 쫓아 나가니 곧 달아났도다. 밤 10시쯤 또 와서 멀리서 포를 쏘거늘, 군졸들한테 마주 쏘라고 하니 또 달아나더라. 이는 왜적이 이순신 함대와 군사가 적다는 걸 알고 시험해 보는 거더라.

때는 늦은 가을이라. 날씨가 무척 추운데 병사들이 여름옷을 입고 있어 추위를 견디기 힘들어하도다. 마침 피난하는 배가 이순신 함대 부근으로 모이는데, 수백 척이나 되는지라. 이순신이 백성들에게 물었노라.

"도적들 배가 바다를 덮었는데 너희들은 어찌하여 이곳에 머물러 있느냐?"

"우리는 사또를 믿고 이리로 왔사옵니다."

"너희가 만일 내 말을 들으면 살 것이나 그러지 아니하면 다 죽으리라."

---

97 어란포 : 전라남도 해남군 송지면 어란리에 있는 포구.

"저희들 모두 사또 말씀대로 하겠사옵니다."

"지금 병사들이 모두 굶주리고 추워서 견디지 못하니 어찌 도적을 방어할 수가 있으리오. 너희가 만일 남는 옷과 양식으로 군사를 구원하면 이 도적을 꼭 모두 죽일 것이라. 그러면 너희도 살 수 있으리라."

피난민들이 이 말을 듣고 옳게 여겨 곧바로 많은 양식과 옷을 걷어서 바치거늘, 각 함선에 나누어 먹고 입게 해 주니 군사들이 그제야 힘을 내서 움직일 수 있게 되었도다.

그러나 왜적은 군사가 많고 우리는 군사가 적으니 군관들마다 가로되,

"육지로 올라가야 하나이다."

하거늘, 이순신이 듣지 아니하였으며,

또 조정에서도 명령하기를,

"해군이 너무 적어 도적에 맞서기 어려우니 육지에서 방어하라."

하였으나 이순신이 또 장계 올리기를,

"임진년부터 지금까지 도적이 여러 해를 넘보면서도

충청도와 전라도를 침략하지 못한 까닭은 해군이 그 길을 막았기 때문이옵니다. 저에게 아직 함선 12척이 있으니 죽기로써 싸우면 막을 수 있사옵니다. 이제 만일 해군을 모두 없애면 도적이 바로 전라도를 지나 한강에 이르니 안 되옵니다. 지금 우리 배가 비록 적으나 신이 죽지 아니하면 도적이 우리를 가벼이 보지 못할 것이옵니다."
하노라. 그리고 여러 장수들과 회의를 하면서 가로되,
 "한 사람이 길을 막으면 천 사람을 막을 수 있소. 지금 우리가 진을 친 곳이 배 한 척으로 1,000척이라도 막기에 좋은 장소이니 장수들은 근심치 마시오. 다만 죽는 것을 두려워하지 않는 마음만 갖고 싸우면 꼭 이길 것이오."
하니, 군관과 병사 들이 모두 이순신을 믿고 그리하겠다고 다짐하더라.

11. 이순신이 명량에서 크게 이겼노라

1597년 9월 16일 아침 일찍, 왜적 함대가 하늘을 가리고 바다를 덮으며 쫓아와 명량 해협으로 들어오거늘, 이순신이 장수들을 거느리고 나가 막아서노라. 우리 배는 13척[98]이고 적선은 330여 척 중에서 133척[99]이 앞장서 공격해 오고, 그중에서도 20여 척이 먼저 힘차게 달려오며 이순신 배를 에워싸려 하더라. 이순신이

---

[98] 12척이었는데 명량 해전 바로 전에 칠천량에서 빠져 나와 숨어 있던 녹도만호 배 한 척을 더 찾아와서 13척으로 싸우게 되었다.

[99] 이날 왜선이 명량 해협에 330척이 왔는데, 얕고 빠른 물살에 배가 지나갈 수 있는 폭이 좁아서 133척만 먼저 앞으로 나와서 싸웠다. 그것만으로도 13척의 10배가 넘으니 누가 봐도 왜적이 이기는 싸움이라고 생각했을 것이다.

명량 해협
물살이 세고 소용돌이치는 소리가 커서 울돌목이라고 하였다. 사진에 보이는 진도 대교 아래가 울돌목이다. 다리 아래로 내려가면 소용돌이치는 모습이 여러 곳에 보이면서 물살 소리가 들린다. _전남 해남군 우수영

 노를 빨리 앞으로 저으라 명령하며 달려 나가 맨 앞에서 오는 적함을 들이받고, 군사들이 재빨리 총포를 비 오듯 쏘아 대니 도적들 배가 더 나오지 못하고 주춤주춤 물러서는 모양이더라.
 10배나 더 많은 왜선들이 우리 배를 겹겹이 에워싸고 장사진법으로 양쪽에서 공격하는데, 적은 많고 우리는 적으니 너무나 불리하도다. 각 함선 장졸들이 서로 돌아보며 낯빛이 파래지거늘, 이순신이 빙긋 웃으며 낮은 목소리로 힘주어 타이르듯,

"저 도적들이 10,000척을 끌고 온다 해도 우리가 이길 것이로다. 그러니 정신 차리고 오직 총과 활을 쏘는 데만 온 힘을 다하라."

하니, 병사들이 듣기에 이 말이 얼마나 시원하고 얼마나 씩씩한지 모두가 감동하여 깃발을 휘두르며 서로 앞서더라.

바다 가득 두 나라 군사가 싸우는 소리요, 산 위에서는 백성들이 응원하는 소리로다. 이순신 장군이 다시 왔으니 왜적들한테 원수를 갚을 것이라 믿는 백성들이 가까운 고을은 물론이고 먼 고을에서까지 몰려와 바닷가 높은 산 위에 가득 모여서 싸움 구경을 하도다.

우리 배 13척이 바다 위에 떠 있는데, 적선 수백 척이 겹겹이 에워싸고 싸움이 벌어지자 화약 연기가 구름같이 일어나 우리 배는 어디에 묻혀 있는지도 찾을 수가 없더라. 다만 공중에 칼 빛이 번뜩이며 대포 소리만 진동하는지라.

싸움을 구경하던 백성들이 서로 붙들고 통곡하며 가로되,

"우리가 여기 온 것은 이순신 장군을 믿었기 때문인데, 우리 군사가 다 죽게 생겼으니, 가련하다 우리는 누구와 함께 살리오."

하더라. 백성들 울음소리가 하늘에 사무치는데, 홀연 산이 무너지는 듯 큰 소리가 나며 화약 연기 속에서 거센 물결 따라 조선 함선들이 나타나더라.

삼도수군통제사라 크게 쓴 깃발을 하늘에 펄펄 날리며 이순신 장군 배가 바다를 휘저으며 나타나고, 그 뒤로 우리 함선들이 날아가듯 돌아치며 왜선을 부수고 있더라. 이미 왜선 수십 척이 부서졌고, 나머지 배들도 흩어지며 쫓기더라. 이것이 사람인가 귀신인가? 울던 사람들이 모두 발을 구르고 손뼉 치며 두 팔을 높이 들어 만세를 부르더라.

왜적들 배가 수없이 깨져서 바다에 빠지고, 도망가는 배들도 우리 배들이 험한 물결 위에서 사냥꾼이 노루를 쫓듯 왜선을 쫓아다니더라.

장하도다, 장하도다, 조선 해군들이여!

명량 해전은 우리 배가 적은 수로 많은 적을 막아 내

기에 가장 중요한 물길에 먼저 자리 잡고, 싸움을 시작하자마자 맨 앞에서 쳐들어오는 적함을 단숨에 깨서 그 장수를 잡아 목을 베니까 도적들이 놀라서 기운이 꺾인지라. 그러므로 13척으로 적군 330여 척을 크게 물리쳤도다.

이순신이 사람들한테 말하길,

"내가 명량에서 새로 모집해서 훈련도 제대로 못한 군사 몇 백 명과 불과 13척 배를 갖고 제대로 훈련한 수천 적병과 수백 척 적선을 물리쳐 이겼으니, 이는 하늘이 도우신 것이고, 나라가 일어날 복이오. 꿈속에 생각하여도 너무나 기쁘고 시원하오이다."

하더라.[100]

다음 날 백성들이 병사들을 위해 고기와 술을 가지고 와서 드리더라. 이에 이순신이 백성들과 함께 이야기하고, 떠돌며 굶주리는 백성들은 데려다 음식과 옷을 나눠 주면서 먹고 살 길을 잘 살펴 주더라. 이렇게 날마다 장교들을 각처로 보내어 떠도는 피난민을 살펴

주고, 싸움에 져서 흩어져 숨어 있던 병졸들을 찾아서 잘 타이르니, 불과 두 달 안에 병사들이 구름처럼 모여들어 제법 위엄을 떨치더라.

100 명량 해전에서 이길 수 있었던 까닭은 이순신 장군이 약하고 적은 군대로 강하고 많은 적군을 막아 내기 좋은 장소를 잘 골랐고, 그 싸움터로 적군이 들어오게 꾀를 잘 냈고, 모든 장수와 장병 들이 목숨을 걸고 싸웠으며, 백성들이 이순신 장군을 믿고 모여서 지원을 한 때문이다. 피난민을 이끌던 오익창은 양식과 옷을 모아서 지원하고, 피난민 중에서 전투 경험도 없는 사람들이 오직 이순신 장군만 믿고 군사가 되어 배를 타고 싸웠고, 이순신 함대 뒤쪽 멀리에 피난민들이 자기 배를 갖고 마치 많은 함선들이 진을 치고 기다리는 것처럼 위장했다. 그동안 왜적들이 이순신의 유인 작전에 속아서 쫓아가다 여러 차례 전멸한 경험이 있기 때문에 불과 13척으로 길을 막고 싸우는 게 수상하고, 먼바다에 깃발을 펄럭이는 수많은 배들이 있는 것을 보고 분명 다른 속셈이 있을 거라고 의심했던 까닭도 있다. 곧 백성과 군인들은 이순신을 굳게 믿고 따랐으며, 왜적은 이순신을 존경할 정도로 두려워했기 때문이다.

12. 왜적이 분풀이로 백성을 학살하도다

　이순신 장군이 신과 같은 재주로 나라는 능히 보전하였으나 그 아들은 능히 구원치 못하였으니 슬프고도 슬프도다.
　왜장 도요토미와 고니시와 가토가 꾀를 내어 이순신을 죽이려 했는데, 조선 임금이 죽일 줄 알았던 이순신이 다시 살아나고, 수백 척으로 공격했는데도 겨우 13척 가진 이순신한테 패해서 쫓겨나니, 너무 창피하고 분하고 절통해서 복수할 곳을 찾았더라. 명량 해전에서 패한 바로 그날, 왜놈들은 이순신 가족이 살고 있는 충청도 아산으로 날랜 병사들을 보내서 백성들을

이면의 무덤
명량 해전에서 참패한 왜군이 주변 섬 백성들을 학살했고, 아산에 있는 이순신 집으로 가족을 잡으러 쳐들어갔다. 이때 셋째 아들 이면이 가족을 피신시키는 시간을 벌기 위해 왜적에 맞서 싸우다 죽임을 당했다. _충남 현충사

닥치는 대로 죽이노라.

 이순신의 두 아들과 조카를 비롯한 남자들이 이순신 부대로 따라와서 싸우고 있었고, 아산 집에는 부녀자들과 셋째 아들 면만 있었더라. 셋째 아들 면이 아직 어리지만 공부 잘하고 말도 잘 타고 활도 잘 쏘았구나. 왜병들이 마을로 들어오는 모습을 보고 혼자 나가 맞서 싸웠도다. 활을 쏘아 혼자 적병 3명을 죽이고, 칼을 들어 싸우다 죽임을 당하였으니 슬프고 애달프다. 왜적이 이렇게 백성을 학살하는 비겁한 방법으로 보복을

하다니[101] 그 죄악이 땅을 울리고 하늘을 찌르도다.

사랑하는 아들이 왜적한테 죽었다는 소식을 듣고 이순신이 통곡하여 가로되,

"나의 어린 아들이여, 나를 버리고 어디로 갔느냐. 내가 죽고 네가 사는 것이 맞거늘, 네가 죽고 내가 사니 이 무슨 일이냐? 네가 너무 영특해 하늘이 데려간 것이냐, 내가 지은 죄가 네 몸에 미친 것이냐? 너를 따라 나도 죽고 싶지만 네 누이와 어머니가 의지할 데가 없으니 참고 참느니. 마음은 죽고 몸만 남아 목 놓아 통곡할 뿐이로다. 하룻밤이 일 년 같구나. 하룻밤이 일 년 같구나."

하룻밤 지내기가 일 년과 같다 하니 가련하도다. 그 어머니 돌아가신 뒤에 제일 애통하는 눈물이어라.

---

[101] 왜적은 명량 해전에서 진 분풀이로 이순신의 아들만 죽인 것이 아니라 주변 섬에 올라가 백성들을 마구 학살했다. 전라남도 진도군 고군면 도평리 야산에는 떼무덤이 있는데, 비석도 없는 무덤들 232개 중 200여 개가 명량 해전에서 패한 왜적들이 분풀이로 학살한 백성들의 무덤이다.

13. 이순신을 명나라 군사들도 존경하도다

도요토미 히데요시가 일본을 통일하고 명나라로 쳐들어가는 길을 내달라며 조선을 침략했노라. 우키타 히데이에를 총대장으로 삼고, 가토 기요마사와 고니시 유키나가를 선봉장으로 삼아 13만 군사를 이끌고 조선으로 왔노라. 처음 올 때는 그 기세가 조선 8도를 한 번에 삼킬 듯 오만했으나 경상도와 전라도 바다에서 하늘이 내리신 명장 이순신에게 막혀서 물고기 배 속에 장사 지내니, 화를 참지 못해 7년에 걸쳐 연달아 군사를 보냈으나 계속 지는 걸 보고 끝내 피를 토하며 죽고 말았노라.

도요토미 히데요시가 죽자 총대장 우키타 히데이에는 군사를 버리고 먼저 일본으로 도망가고, 고니시와 가토는 육지 깊이 들어와 있어 미처 도망가지 못하였더라. 육지에서는 의병한테 쫓기고, 바다에서는 조선 해군에 막혀서 오갈 수가 없이 되었노라. 고니시는 순천에 왜성을 쌓고, 가토는 울산에 왜성을 쌓고 들어가 숨었는지라. 가토는 도원수 권율 군대에 포위되어 물까지 다 떨어진 왜성 안에서 말라죽어 가며, 고니시도 더 이상 버틸 수가 없게 되자 부하를 여러 번 보내면서 화친하자고 빌더라.

같은 하늘 아래에서 같이 살 수 없는 원수인 왜적을 살려 보내면 분명히 다음에 또 침략할 것인데 이순신이 어찌 저들이 화친하자고 한들 허락하리오. 삼도수군통제영도 거제도 고금도로 옮겨서 도적들을 더욱 강하게 공격하더라. 승군을 모집하여 중요한 길목을 지키게 하고, 농민을 섬으로 불러서 농사를 짓게 하고, 정예 기병대를 사방으로 보내어 정찰하다가 약탈하러 나오는 왜적을 잡아 죽이니 왜적들이 성안에 갇혀 굶주

명량 대첩탑
명량 대첩 이야기를 듣고 명나라 군사들도 놀라고, 이순신을 존경하게 되었다. 왜군들도 이순신을 더욱 두려워하면서도 한편 존경하게 되었다.
_전남 해남군 우수영

리고 병들어 죽게 되었도다.

 7월 16일에 명나라 해군 도독 진린이 배를 타고 군사 5,000명을 거느리고 와서 우리 해군과 합하니, 그 힘이 더욱 강해졌도다. 그러나 진린은 원래 성품이 조급하고 거칠기로 유명한 사람이라 자기 나라에서도 다른 장수들과 사이가 좋지 못하였더라. 하물며 말도 다르고 풍속도 다른 조선 장수와 사이좋게 지내기를 어찌 바라리오.

 두 나라 장수가 서로 다투면 두 나라 군사가 다투게

되리니, 그렇게 되면 왜적을 잡기는커녕 오히려 그 틈을 타서 우리 군사를 해롭게 하기가 쉬울지라. 그래서 조정이 근심하고 임금께서도 진린을 잘 대우하라 하고, 영의정은 진린을 잘 사귀라고 손수 편지까지 하였더라. 이순신도 이미 생각을 하고 넓은 마음으로 진린을 대접하더라.

진린이 처음 오던 날 이순신이 즉시 소를 잡고 술을 준비하여 진린과 부하 장수들을 크게 대접하였도다. 그런데도 얼마 안 가서 명나라 군사가 마을에 나가서 우리 백성들 재물을 노략질하는지라. 이순신이 군사들을 시켜 마을 집들을 모두 부수면서 백성들에게 떠나라고 하도다. 또 자기도 통제영 관사에서 이부자리와 옷을 모두 배로 옮기더라.

백성들이 집을 허무는 광경을 진린이 보고 이상하게 생각하고 부하를 보내어 그 까닭을 물었도다.

이순신이 가로되,

"명나라 군사들이 마을에 나가 노략질을 일삼으니 백성이 견디기 어렵다며 집을 허물고 재산을 거두어 멀리 떠나겠다고 하오. 백성이 떠나는데 장수가 무슨 체면에 홀로 머물러 있겠나이까. 그러니 나도 또한 진 도독을 하직하고 멀리 떠나려 하오."

하니, 진린이 이 말을 듣고 크게 깨달아 급히 이순신한테 쫓아가 손을 잡으며 가로되,

"만일 장군이 가면 린은 누구와 더불어 도적을 막겠소?"

하며 붙들거늘 이순신이 눈물을 흘리며 가로되,

"우리나라가 왜적의 화를 입은 지 어느새 7년이오. 왜적이 우리 성읍을 불사르며 우리 백성을 살해하고 우리 조상 묘를 파헤쳐 가며 우리 재산을 약탈하였소. 집이 있는 자는 그 집을 잃으며 재산이 있는 자는 그 재산을 잃어서 이제 조선 8도 백성이 왜병이라는 말만 들어도 모두 치를 떠오. 왜적 때문에 부모는 그 자손을 부르고 통곡하며, 부녀는 그 남편을 생각하고 통곡하오.

순신이 비록 부족하고 어리석으나 사람이라면 타고나는 착한 마음을 갖추고 있고, 옳고 그름은 분별할

수 있소이다. 그러니 나라가 겪는 부끄러움과 백성들이 하는 욕은 조금 알고 있나이다.

물론 장군이 우리나라를 위하여 천 리를 달려 오셨으니 고맙소. 그러나 명나라 군사들이 노략질하는 모습을 보니, 야만스러운 짓을 거침없이 하오. 우리 불쌍한 백성들이 왜적한테 저렇게 혹독한 화를 당한 끝에 또 이런 고초를 겪게 되니 어찌 견딜 수 있겠나이까.

순신이 차마 이것을 볼 수 없기에 단지 멀리 가서 숨고자 하는 것이지 어찌 순신이 도독을 떠나가고 싶겠나이까."

진린이 이 말을 듣고 부끄러움에 얼굴을 붉히며 가로되,

"린은 지금부터라도 부하들을 엄하게 단속하여 백성들을 터럭만치도 다치지 못하게 하리니 장군은 잠깐 멈추어 주시오."

"그렇지 않소. 간혹 우리 백성이 원통한 일이 있어서 호소코자 하더라도 군영은 드나들기가 엄해서 어려우니, 도독이 비록 밝고 똑똑하시나 어찌 부하 군졸들이

군영 밖에 나가 일으키는 문제를 일일이 알 수 있겠나이까? 정말 슬픈 일이오. 도독이 만일 순신을 가지 못하게 하고 싶으시면 한 가지 방법이 있으니 도독이 해 주실 수 있겠나이까?"

"좋소이다. 장군 말대로 하리니 말하시오."

"명나라 군사들이 우리나라에 구원하러 왔다고 오만해져서 이같이 부끄러운 짓을 하는 것이오. 만일 도독이 나에게 권리를 빌려 주셔서 명나라 병사들이 우리 백성한테 죄를 지으면 그 죄를 내가 다스리게 해 주시오. 그러면 두 나라 군사와 백성이 서로 편안해할 것이외다."

"알겠소. 오직 장군 말씀대로 하시오."

하더라. 이후로부터 명나라 군사가 백성을 다치게 하는 일이 있으면 이순신이 자유롭게 잡아다 공정하면서도 엄하게 다스리니 백성들이 편하더라. 또 명나라 군사들도 순신을 두려워하고 존경하기를 진 도독을 두려워하고 존경하기보다 더하더라.

14. 진린을 달래며 왜적을 치노라

1598년 7월 18일에 정탐병이 적선 100여 척이 녹도를 와서 침범한다고 보고하거늘, 이순신과 진린이 각각 전함을 거느리고 금당도[102]에 이른즉, 다만 적선 2척이 있다가 우리 배를 바라보고 도망하는지라. 이순신은 8척, 진도독은 20척을 선발해서 매복시키고 함께 돌아오니라.

7월 24일에 이순신이 운주당에 음식을 차려 놓고 진린을 초청하여 먹고 있는데 진린의 부하 장수가 와서

---

102 금당도 : 전남 완도군 금당면 육산리에 있는 섬.

보고하기를,

"새벽에 적선 6척을 만났는데 조선 해군이 사로잡았나이다."

하니 진린이 크게 노하여 꾸짖으며 나가라 하거늘, 이순신이 그 뜻을 알고 좋은 말로 달래며 이순신 부대가 잡은 왜적과 배를 모두 진린에게 주면서 가로되,

"도독이 여기 온 지 얼마 안 되어 이렇게 큰 공을 조정에 아뢰면 어찌 아름다운 일이 아니겠소."

하니, 진린이 크게 기뻐하며 즐거워하더라.

그 뒤로 진린이 자기 배가 비록 많으나 왜적과 싸우는 데 부족함이 많은 걸 깨닫고, 이순신을 더욱 마음속 깊이 존경하며 따르도라. 그래서 이순신 함선에 올라와서 이순신 지휘를 받고자 하며, 항상 높여 부르더라.

9월 14일 후로 흩어져 있던 왜군 장수들이 순천에 있는 고니시 성으로 모이거늘, 이순신이 그들이 도망가려는 것을 이미 알고 큰 소리로 가로되,

"내 어찌 오랜 원수들이 살아서 도망가도록 허락하

리오."
하고, 진린과 함께 함대를 거느리고 고니시가 숨어 있는 순천 왜성 앞바다로 가서 군사를 사방에 배치하고 왜군 장수들이 돌아가는 길을 막고 양식을 운반하는 왜적들을 잡았노라.

　이순신이 통제사를 다시 맡고서는 조정에서 오직 장군을 믿고 의지하였도라. 또 외국 구원병이 와서 군대가 한층 강한 범이 되었노라. 하물며 외국 병사들까지 이순신 장군을 천하 명장으로 믿으며 한마음으로 존경하고 복종하였노라.
　진린이 선조 임금에게 글을 올려 가로되, '이순신은 하늘이 내린 장군이옵니다.' 하며, 오직 이순신이 지휘하는 대로 따르니 이후로는 이순신 하는 일이 강물을 터놓은 듯 쉽게 이루어지도다.
　오호라, 그런데 또 한 번 마귀가 장난치도다. 속담에 이르기를 '천하에 열 명 가운데 여덟 명은 뜻을 끝까지 지키지 못한다.' 하더니 진린이 과연 그러하도다.

병선 마당
통영시 병선 마당에 이순신 함대가 전투할 때 모습을 잘 되살려서 볼 수 있게 만들어 놓았다. 이 조형물 앞쪽 바닥에 함대 배치도가 있는데, 한글이 없이 한문으로만 써 놓아서 어린이들이 보기 어려운 게 아쉽다. _경남 통영시 병선 마당

　대개 그때 온 명나라 장수들이 겉으로는 구원하러 왔다고 큰소리치나, 황금만 보면 옳고 그름은 하늘 밖으로 날아가고, 황금을 향하여 공손히 절을 하는 자들이니 이같이 어리석은 사람들과 무슨 일을 함께 하리오. 그런고로 외국 군대가 구원하러 왔다고는 하나 이순신에게 해롭기만 했지 이로운 점은 하나도 없었노라.
　이순신이 거제도 고금도에 진을 치고 고니시가 돌아가는 길을 끊은 이후로, 고니시 군대는 더욱 굶주리고 힘이 빠졌더라. 이순신이 진린과 더불어 날마다 나아가

숨어 다니는 왜적과 왜선을 사로잡거나 죽이니 고니시가 크게 위축되었노라.

그래서 명나라 장수 유정에게 몰래 사람을 보내 뇌물을 많이 주면서 '제발 돌아갈 길을 열어 주옵소서.' 하고 빌거늘, 유정이 뇌물을 받고 진린에게 '고니시가 곧 군사를 거두어 돌아가려 하니 도망가는 길을 막지 말라.'고 부탁하고, 고니시한테 도망가라고 연락한지라.

고니시가 10여 척 배를 거느리고 빠져 나가는데 이순신이 진린과 더불어 가로막고 치노라. 고니시가 유정한테 뇌물만 받고 약속을 지키지 않았다고 항의하니 유정이 가로되, '그대는 진 장군에게도 뇌물을 보내서 구걸하라.' 하더라.

이에 고니시가 진린에게 은과 금과 보검을 뇌물로 보내면서 '제가 돌아갈 길을 열어 주기를 청하옵나이다.' 하고 구걸하니, 진린도 그 뇌물을 보고 고니시의 부탁을 허락한 다음에 이순신에게 '길을 열어 주자.'고 부탁하더라.

이순신이 가로되,

"장수가 되어 적과 몰래 화친을 의논해도 안 되고, 또 원수를 놓아 보내는 것도 옳지 않소. 도독은 무슨 까닭으로 이런 부탁을 하시오?"

하니, 진린이 아무 대답도 못하다가 고니시한테 연락하기를 '그대는 이순신 통제사에게 화친을 구하라.'고 가르치더라.

고니시가 이순신에게 사람을 보내어 총과 칼과 금은보화를 많이 드리고 '제발 돌아갈 길을 열어 주옵소서.'라며 구걸하거늘 순신이 가로되,

"임진년 이래로 우리가 왜적에게 빼앗긴 총과 칼과 금은보화가 산과 같으니 네가 보낸 것으로는 그것을 갚지 못할 것이라. 또 우리는 왜군 머리를 가장 좋은 보화로 아노라."

하고, 고니시가 다른 곳으로 연락하러 보내는 배를 빼앗느니라.

진린은 금은보화가 욕심이 나서 도적을 놓아 보내고자 하는 마음이 도적이 도망가고 싶어 하는 마음보다 더욱 간절하였더라.

하루는 이순신에게 가로되,

"나는 남해에 가서 도적을 치고자 하오."

"남해 도적이라 함은 대부분 포로로 잡힌 우리 백성이니, 도독이 도적을 토벌하러 와서 도적은 치지 아니하고 오히려 백성을 토벌코자 함은 무슨 뜻이오?"

"그들은 자기 나라를 배반하고 도적을 따라갔으니 도적과 같지 않소."

"따라간 게 아니라 붙잡혀서 끌려간 백성들을 어찌 도적과 같이 쳐서 죽이려 하시오?"

하니, 진린이 부끄러워하며 그대로 있더라.[103]

고니시가 다시 돼지와 술을 진린에게 많이 보내고, 큰 뇌물을 바치면서 여러 곳에 있는 모든 왜군들에게 연락해서 함께 돌아가자고 설득하고자 하니 도독은 허락해 달라고 간청하매 진린이 뇌물이 욕심나서 부탁대

---

[103] 남해란 경상남도 남해군을 말한다. 이곳에 왜군 패잔병들이 있었는데, 백성들 수백 명을 포로로 잡고 있었다. 따라서 왜적을 치면 왜적은 포로로 잡혀 있는 백성들을 죽일 것이기 때문에 놔두고 있었던 것이다. 진린은 이순신이 자기 부탁을 들어주지 않으니까 남해에 있는 왜적을 친다면서 자기 부대를 빼서 고니시한테 도망갈 기회를 주려고 했던 것이다.

로 몰래 길을 열어 주어 왜적이 통신하는 작은 배 1척을 빠져나가게 하였더라.

진린의 부하 중에 이순신을 진심으로 존경하고 따르는 장수가 있어서 이 일을 몰래 이순신에게 알려 주었더라.

이순신이 크게 놀라 가로되,

"이 도적이 간 것은 분명 여러 곳에 있는 모든 왜적에게 연락해서 이곳으로 모여 와 우리를 공격하려 함이로다. 만일 우리가 여기에 있다가는 앞뒤로 공격을 받을 터이니 위험하도다. 우리가 먼저 나가서 모여 오는 도적을 공격해야 하니라. 안타깝다. 진린이 황금 몇 근에 침을 흘리다 큰일을 그르쳤도다."

하면서 탄식하더라.

부하 장수 유형, 송희립과 더불어 싸울 방도를 정하고, 진린에게 일이 위태롭게 되었음을 알리니, 진린이 그제야 깨닫고 놀라서 스스로 자기 잘못을 뉘우치더라.

이순신이 가로되,

"지난 일은 뉘우쳐도 쓸데없소. 남은 방법은 빨리 넓은 바다로 나가서 모여 오는 적과 싸우는 것뿐이리다."
하니, 진린이 진심으로 뉘우치며 함께 싸우겠다고 하더라.

15. 이순신이 마지막 싸움에서 이기고 돌아가시도다

    1598년 11월 18일 저녁 6시쯤 정탐선이 돌아와 보고하기를, 곤양·사천·남해 각처에 흩어져 있던 도적들이 모두 노량 쪽으로 온다 하더라. 이순신이 진린과 서로 약속하고 밤에 함께 출전하였는데, 떠날 때 배 위에 홀로 서서 손을 씻고 향을 피우고 하늘에 빌면서 가로되,
"이 원수를 모두 물리쳐야 죽어도 한이 없나이다."
하고, 새벽쯤 되어 노량에 이르러 섬 사이에 함대를 숨기고서 기다리더라. 조금 있다가 적선 500여 척이 노량 바다로 들어오거늘, 조선과 명나라 군대가 좌우 양쪽에서 기습하면서 포격하니 도적들 배가 놀라서 흩어지

다가 다시 모이는지라.

이순신이 가로되,

"우리나라가 살고 죽음이 이번 싸움에 있도다."[104] 하고, 한 손으로 북을 치며 우레같이 소리치며 먼저 앞으로 나가니, 모든 군사들이 뒤를 따라 온 힘을 다해 도적을 치니 도적이 버티지 못하고 관음포로 물러나더라.

날이 밝으매 도적이 다시 돌아와 죽기로써 싸우거늘, 이순신과 진린이 힘을 합해 맞서 싸울 때, 적장 3명이 큰 배 누각 위에 높이 앉아 싸움을 지휘하더라. 이순신 배에서 총을 쏘아 그중 한 명을 죽이고, 포를 연달아 쏘면서 적선을 부수는데, 홀연 큰 철환이 날아오며

---

104 이순신은 왜적이 항복을 한 것이 아니라 도요토미 히데요시가 죽었기 때문에 돌아가는 것이므로 그냥 보내면 정유재란처럼 곧 다시 쳐들어온다고 보았기 때문에 당시 도망가는 왜적을 그냥 보내면 안 된다고 하였다. 노량 해전에서 이기지 못하면 얼마 안 가 왜적이 다시 쳐들어올 것이기 때문에 목숨을 걸고라도 꼭 이겨야 했고, 한 척이라도 더 격침시켜야 했다. 그러나 명나라 군대는 왜적이 돌아가면 자기들은 귀국할 수 있기 때문에 굳이 싸우려 하지 않았는데, 진린이 이순신의 군인 정신을 존경했기 때문에 마지막 전투에 진심으로 함께 참전했던 것이라고 볼 수 있다.

이순신 장군 묘소
현충사에서 약 8킬로미터쯤 떨어져 있다. 햇볕이 따스하고 충절을 상징하는
소나무로 둘러싸여 있다. 사적 제112호로 지정되어 있다.
_충남 아산시 음봉면 삼거리

이순신 왼편 옆구리를 뚫고 나가는지라, 칼을 쥐고 엎어지다가 바로 일어나서 북을 울리며 천천히 배 안으로 들어가노라.

  부장 유형을 불러 옆구리를 보이며 가로되,

  "나는 죽으니 그대가 힘써 싸우라."

하며, 방패로 가리도록 하였더라. 아들 회와 조카 완, 종 금이를 돌아보며 가로되,

  "지금 싸움이 더 급하니 내가 죽어도 울지 마라. 병사들 마음이 흐트러지리라."

하며, 말을 마치며 눈을 감을 듯하다가 우리 군사들이 소리치며 싸우는 소리를 듣고 기뻐하는 기색을 보이며 숨을 멈추시니라. 아들과 장수들이 그 마지막 말에 따라 장군이 돌아가신 것을 감추고 깃발을 휘두르며 싸움을 지휘하노라.

유형은 여섯 번 철환을 맞고도 다시 일어나 싸웠으며, 송희립은 한 번 철환을 맞고서 기절하여 쓰러졌다가 다시 일어나 총알 맞은 곳을 싸매고 나아가 싸웠도다.

양쪽 배가 서로 부딪치며 창과 칼이 서로 치고, 화살이 비 오듯 하고, 철환이 우레같이 바다 위로 날아다니더라. 새벽부터 시작한 전투가 낮 12시쯤 이르자 왜적은 기운이 크게 약해지고, 우리 군사는 더욱 기운이 솟구치는지라. 적선 200척을 침몰시키고 적병 수천 명을 베니, 왜적의 건장한 장수와 강한 병사 들이 이 싸움에서 거의 다 죽었는데, 적장 고니시는 배 한 척을 타고 겨우 빠져나가 도망하였다더라.

왜선이 모두 함몰하고 싸움 먼지가 가라앉으매 삼도

해군 장졸이 돛대를 두드리고 승리의 노래를 부르며 돌아오는데, 장군 배 안에서 한 마디 처량한 소식이 바람결에 들려오니 이순신 아들 회와 조카 완이 장군이 돌아가셨음을 알리는 소리로다.

두 나라 장졸이 비로소 이순신의 죽음을 알고 놀라서 우니 그 소리가 천지를 흔들며 바다 또한 슬퍼하는 듯하도다.

오호라, 꿈인가. 정말 꿈이런가? 장군이 어찌 그리 급히 가셨는가?

16. 이순신을 위하여 온 백성이 통곡하도다

　이순신 관을 모신 상여가 거제도 고금도를 떠나서 아산으로 돌아올 때, 지나는 길마다 노소남녀가 상여를 붙들고 슬피 울며 놓지 아니하니, 조선 8도 백성 모두가 슬퍼하더라. 그 우는 소리가 천 리를 지나도 그치지 아니하도다.
　오호라, 당시 우리 백성들이 이순신을 위하여 통곡하는 까닭을 들어 보라.
　임진왜란 7년 역사를 돌아보건대, 우리 민족의 치욕과 고통이 극심했도다. 늙은이와 어린이는 굴속에 숨으며, 젊은이는 칼날과 탄환에 죽거나 다치며, 먹을 것이 없어 굶주리며, 옷이 없어 추위에 떨며, 아침에 같이 있던 부모처자가 저녁에 서로 잃어버리고, 저녁에 만나던 형제와 벗들이 이튿날 아침이면 죽어 나가며, 살아남은 자도 곧 죽는 목숨이다 싶더니, 다행히 천 년에 한 번 날까 말까 하는 명장 이순신이 계셨도다. 그 손으로 우리가 죽음에 빠진 것을 건지며, 그 입으로 우리가 다시 살 수 있다고 알리며, 피를 토하며 뼈만 남은 백성들 몸을 살아나게 하고, 마음을 다하여 우리가 죽는 것을 살게 하더니, 우리가 다시 살아나는 날에 홀연 돌아가시니, 우리가 이순신을 위하여 통곡하는 첫째 까닭이니라.

  우리가 살아남은 것도 이순신 힘이며 우리가 편안히 사는 것도 이순신 힘이라. 우리 음식과 의복도 이순신이 주신 것이며, 우리가 화목하게 사는 것도 이순신이 주신 바라. 우리가 한 번 일어나며 한 번 앉고, 한 번 노래하며 한 번 우는 것이 모두 이순신의 은혜와 덕택이거늘, 우리는 하나도 보답하지 못하였으니 어찌 슬프지 않으리오. 백성들이 이순신을 위하여 통곡하는 둘째 까닭이니라.

이순신이 7년 전에 죽었다면 우리는 이 난리에 다 죽었을 것이며, 이순신이 7년 후에 태어났어도 우리는 이 난리에 다 죽었을 것이며, 이순신이 7년 전쟁하던 첫해에 죽었든지 혹 둘째 해에나 셋째 해에나 넷째, 다섯째, 여섯째 해에 죽었을지라도 이 난리에 우리는 다 죽고 살아남을 자 없었을 것이니라.

이에 이순신이 먼저 죽지도 아니하며 후에 나지도 아니하고 딱 맞게 태어나서 임진왜란 7년을 싸우는데, 그동안에는 탄환에 맞아도 죽지 아니하며, 칼에 찔려도 죽지 아니하고, 옥에 가두어도 죽지 아니하며, 수만 명 적군이 몰려오고 수백 척 전선이 다투어 몰려와도 죽지 아니하다가 7년 전쟁이 끝나는 날 노량에 이르러 몸을 마치셨으니, 오호라, 이순신은 반드시 하느님께서 보내신 천사로 내려와 그 수고하심과 그 흘리신 피로 우리들 생명을 구하신 다음에 홀연히 가셨으니, 우리 모든 백성이 이순신을 위하여 통곡하는 셋째 까닭이니라.

명량 대첩비
조선 시대에 처음 세운 대첩비다. 1910년 나라가 망하자 대첩비가
눈물을 흘렸다는 소문이 났다. 이 소문을 들은 일본 경찰이 파다 어디다
버렸는데, 해방 뒤에야 덕수궁 뒤뜰에 파묻은 것이 알려졌다. 지역 주민들이
힘을 모아 대첩비를 찾아다 다시 세웠다. _전남 해남군 우수영

    내 몸을 죽여서 나라와 백성에 도움이 된다면, 아침에 나서 저녁에 죽을지라도 멈추지 않으며, 오늘 저녁에 나서 내일 아침에 죽을지라도 한이 없도다.
    하늘과 땅이 열리고 나서 죽지 아니한 사람이 없고, 이미 죽은 다음에는 썩지 아니한 뼈가 없도다. 부귀하던 자도 마지막에는 겨우 한 조각 썩은 뼈가 될 뿐이요, 가난하던 자도 마지막에는 겨우 한 조각 썩은 뼈가 될 뿐이며, 편하게 살던 자도 마지막에는 끝내 한 조각 썩은 뼈가 될 뿐이요, 고생하던 자도 마지막에는 끝내

한 조각 썩은 뼈가 될 뿐이며, 모든 사람은 끝내 한 조각 썩은 뼈가 될 뿐이로다.

그러니 내 몸이 죽어서 오래오래 우리나라 우리 백성에게 도움이 되는 일이라면, 어찌 그 일을 피하며 어찌 그 일을 하지 아니하리오.

혹시 부자가 되어 입으로 맛있는 음식을 먹고 오래오래 살게 된다 해도 나라가 부끄럽게 망하고, 백성들 치욕이 날로 심하여 사방에서 죽는 소리 우는 소리 원망 소리 한탄 소리 앓는 소리가 모두 와서 모인다면, 내가 홀로 살고 내가 홀로 즐기는 것이 참말로 좋은 일이겠는가.

이순신은 당시에 누구나 되고 싶어 하던 문반을 부러워하지 않았고, 스스로 무반을 선택해서 무사 정신을 지키고 발전시켰으며, 모든 권력에 빌붙는 것을 부끄럽게 여겨 그 문 앞에 가까이 가지 아니하고, 떳떳함과 당당한 마음을 굳게 지켰노라. 그러다 왜적이 침략하여 오니 집과 몸을 돌아보지 아니하고 칼을 휘두르며 맞서 싸우다가, 마지막 돌아가시면서까지 그 뜻을 지키셨나니. 오호라, 누가 이순신 죽음을 위하여 우는가.

　대장부가 나라와 백성이 위급할 때 몸을 던져 큰 마귀를 무찌르고 날아오는 탄환에 죽으니, 검은 구름이 걷히며 맑은 하늘에 그 이름이 휘날리며, 상여를 타고 고향으로 돌아와 조선 8도 백성이 부르는 만세 소리를 들으면서 장례를 치르니, 오호라, 장하도다. 누가 이순신의 죽음을 위하여 우는가. 오히려 이순신을 기리며 노래하고 춤을 추는 것이 마땅하도다.

　그러하나 우리 후손들이 이순신을 위하여 울어야 할 까닭이 세 가지 있으니,

　먼저 사사로운 당파 싸움과 못된 무리들이 영웅을 막아서 이순신이 그 능력을 일찍부터 충분히 쓰지 못하였음을 울어야 함이 그 첫째라.

　질투심으로 헐뜯고 없는 죄를 만드는 사람들이 마귀 같은 재주로 장난쳐서 수 년 동안 준비했던 군대와 배와 물품을 하룻밤에 패해서 다 잃어버려 이순신이 겨우 도망가는 적을 치는 정도로 끝내고 말았음을 울어

야 함이 그 둘째라.

　하늘이 장군을 내리셔 우리나라 백성으로 하여금 정신을 높여 주셨는데 이순신이 돌아가신 뒤 수백 년 동안 벼슬아치들이 백성을 욕되게 하는 일이 자주 일어나 부끄러운 나라가 되게 하였으니, 이것이 이순신을 위하여 통곡해야 하는 셋째 까닭이니라.

　그러나 지금[105] 우리가 이순신의 정신을 살려서 이렇듯 나라와 민족을 부끄럽게 하는 일을 버리지 못한다면, 이순신의 정신을 이어서 나라를 지키고 백성을 살리지 못한다면, 어찌 우리 후손들만 통곡하겠는가? 이순신 또한 지하에서 통곡하실 것이로다. 이순신이 지하에서 통곡하지 않도록 후손들이여, 정신 차릴지어다.

105　이 글을 쓸 때가 1908년으로 이미 일본이 대한 제국의 외교권을 빼앗고 통감 정치를 하면서 군대까지 해산하였을 때다. 이렇게 나라와 민족이 부끄러운 일을 당하고 있을 때다.

17. 이순신과 함께 싸운 장수들을 기리노라

이억기는 이순신과 같은 직책인 전라우수사이면서 종친[106]인데도 이순신을 성심으로 따라다니며 왜적을 여러 번 물리쳤고, 이순신이 죄인으로 몰려 감옥에 갇히게 되자 울며 가로되, "우리 군사들이 어디서 죽을지 알지 못하게 되었나이다." 하며 슬퍼하더니 칠천량에서 원균이 달아날 때도 도망가지 않고 끝까지 싸우다 전사하였느니라.

---

[106] 종친은 왕족인 전주 이 씨 가운데서도 임금과 가까운 친척을 말한다.

정운은 어렸을 때부터 충의로 뜻을 세워 자기 칼에 '정충보국貞忠報國'[107] 네 글자를 새겼노라. 임진왜란 때 이순신을 따라 왜적을 여러 번 물리쳤도다. 싸움 때마다 용감하게 앞서 나가 싸우므로 이순신이 믿고 공경하였는데, 부산 싸움에 도적이 쏜 탄환을 맞아 죽으니 충무공이 크게 소리 내 울면서 가로되, "오른팔을 잃었도다." 하시더라.

어영담은 광양현감으로 있을 때 임진왜란이 일어나니 이순신에게 부산을 구원하러 가자고 먼저 주장하였으며, 이순신이 물길이 쉽거나 어려운 곳을 알지 못해서 어렵다고 하자 스스로 선봉장이 되겠다고 나섰노라. 이순신이 허락하여 여러 번 큰 공을 세웠더라. 이순신이 그 공을 조정에 올려서 그가 바다에서 잘 싸우고 물길에 익숙하고 그 몸을 아끼지 않고 나라를 위하는 충성하는 마음이 있음을 칭찬하며 조방장[108]으로 삼기로 추

---

107 정충보국(貞忠報國) : 온마음으로 나라에 충성하고 은혜를 갚겠다는 뜻이다.
108 대장 옆에서 대장을 도와 싸우는 장수.

천하였노라.

송희립은 충성스럽고 용맹하며 정의감이 뛰어났도다. 이순신의 직속 군관으로 거북선의 제조와 전략과 전술을 담당하는 참모장 일을 잘했노라. 형과 동생도 의병으로 지원해서 삼 형제가 이순신 함대에서 같이 싸웠도다. 송희립은 노량 싸움에서 이순신과 함께 철환을 맞고 기절했다가, 장군이 돌아가셨다는 말을 듣고 벌떡 일어나 군사들을 지휘하며 도적을 쳐서 크게 이겼노라. 형 송대립은 정유재란 때 이순신이 추천해서 권율 장군 부대에 가서 싸우다 홍양 전투에서 전사하였도다.

유형은 임진왜란이 일어나자 김천일 의병장 밑에 들어가 싸우다 1594년 무과 시험에 합격해서 무관이 되었더라. 정유재란 때 남해 현감으로 이순신을 따라다니며 왜적을 칠 때마다 많은 공을 세웠노라. 우의정 이덕형이 이순신에게 "공의 부하 장수들 중에 누가 가히 장군 뒤를 이어 갈 사람이오?" 하니 충무공이 가로되, "충의와

담력이 유형을 따를 자가 없으니 나중에 크게 쓸 인물이옵니다." 하였더라. 충무공이 돌아가신 후 이덕형이 조정에 천거하여 삼도수군통제사가 되었도다.

이순신은 종친이면서 충무공 이순신과 이름이 같더라. 임진왜란이 일어나자 충무공 이순신을 따라 경상도로 원균을 구원하러 갔던 첫 전투 때 세 번 싸워서 세 번 모두 크게 이겼노라. 그 후에도 항상 용맹스럽게 먼저 나아가 싸우니 충무공이 굳게 믿는 장수가 되었도다. 나중에 전라병마절도사와 오위도총관까지 되었더라.

정경달은 문관으로 충무공의 종사관이 되어 기묘한 전략으로 여러 번 공을 세웠노라. 1592년에 임진왜란이 일어나자 선산군수로서 의병을 모으고, 금오산 전투에서 기묘한 계책으로 왜적을 이겼도다. 1594년 충무공이 직접 부탁해서 종사관으로 와서 뛰어난 지혜로 전략과 전술을 담당하였도다. 이순신이 투옥되었을 때 임금에게 "이순신의 충성심과 적을 막는 재주는 최고이옵니

이순신과 함께 싸운 장수들
이순신과 함께 목숨을 걸고 나라와 백성을 지킨 장수들 한명 한명을 기리는 조형물이다. 이순신 장군이 승리할 수 있었던 것은 이렇듯 많은 부하 장수들과 함께했기 때문이다. _전남 여수시 이순신 공원

다. 전쟁에서 불리한 싸움을 피하는 것은 승리하는 책략인데 어찌 죄가 될 수 있겠사옵니까? 왕께서 이 사람을 죽이면 나라가 망하겠으니 어찌하겠사옵니까?" 하면서 이순신을 석방하라고 강력히 주장하였도다.

송여종은 이순신과 함께 노량에서 왜적과 싸운 장수라. 왜적이 흘린 피로 바닷물이 피가 되었는데, 노량해전에 참여한 이순신의 부하 장수 중에 송여종의 전공이 제일 크더라. 나중에 절충 장군까지 되었노라.

이영남은 1592년 임진왜란 때 원균의 부하 장수 옥포만호로 원균을 도와 적을 방어하면서 이순신을 흠모하였도다. 정유재란 때 삼도수군통제사 이순신을 찾아가 조방장을 맡았고, 명량 해전에서 이를 갈며 몸을 돌보지 않고 싸워 큰 공을 세웠노라. 이어 노량 해전에서 온 힘을 다해 적을 섬멸하다가 전사하였도다.

　황세득은 충무공의 아내인 방씨 부인의 사촌 언니 남편이라. 병서에 능통하였으며, 이순신을 따라다니며 전공을 많이 세웠도다. 특히 벽파정과 고금도 전투에서는 왜군 수십 명을 사살하였노라. 노량 해전 때 선봉을 맡아 적선을 불태우며 진격하여 왜적 함대의 심장부까지 치고 들어갔는데, 놀란 왜장들이 명사수 수십 명을 골라 황세득을 에워싸고 집중 사격을 하였도다. 황세득은 적진 한가운데서 집중 사격을 받아 장렬히 전사하였도다. 이순신이 보고를 받고 가슴을 치며 애통해했다고 하더라.

김완은 임진왜란이 일어나자 이순신을 따라 옥포, 당포, 한산도, 부산포를 비롯한 주요 해전에 척후장으로 참가해 전공을 세웠고, 포로가 되어 일본까지 끌려갔다가도 군사 정보를 수집해서 탈출해 돌아왔으며, 소금을 구워 팔거나 해서 군량과 필요한 물품을 잘 마련한 공적이 많더라.

오득린은 나주 무관으로 지략이 뛰어나서 충무공이 특별히 선발해서 불러다 본부에서 근무하게 했는데, 명량 해전에서 목숨 걸고 이순신을 지키며 싸워서 큰 공을 세웠노라.

진무성은 진주성이 적한테 에워싸였을 때 충무공이 연락을 받고자 하니 진무성이 왜군 복장으로 바꾸어 입고 낮이면 숨고 이동해서 마침내 소식을 전하고, 그 후에 충무공을 따라 기이한 전공을 여러 번 세우니라. 특히 정탐과 연락에 뛰어난 재능이 있었도다.

제만춘은 경상우수영 군관으로 활 쏘는 재주와 힘이 세기로 유명하더니, 임진년에 원균의 명령을 받아 작은 배를 타고 군사 열 명을 데리고 웅천의 적진을 탐지하고 오다가 사로잡혀서 일본 오사카로 잡혀갔도다. 다음 해 포로 열두 사람을 데리고 왜선을 밤에 몰래 훔쳐 타고 이순신에게로 왔도다. 이순신이 죽기를 무릅쓰고 도망하여 돌아옴을 불쌍히 여겨 조정에 장계를 보내면서 같이 보내 왜국 사정을 자세히 보고하게 하였더니라. 이순신이 전쟁이 난 지 두 해가 되는데도 왜적의 속사정과 왜적이 쓰는 무기와 기계를 알지 못해 고심하다가 제만춘이 돌아오니 군관 직책을 주어 왜적이 쓰는 무기에 대한 대응책을 연구하게 하였도다. 제만춘이 좋은 생각을 많이 냈으며, 싸울 때마다 활을 쏘아 백발백중하니 적병이 다 두려워하더라.

나대용은 이순신 부대에서 거북선을 만드는 일에 참여했고, 전투 때마다 유격장으로 나가 용감하게 싸웠도다. 사천 전투에서 총탄에 맞아 전사하였노라. 이설도

나대용과 함께 거북선을 만들었고 부산포 해전에서 큰 공을 세웠는데, 노량 해전에서 이순신과 함께 전사하였도다.

권준은 순천부사로 이순신을 따라 나가 싸울 때마다 공을 세웠고, 당포 해전에서는 적장을 활로 명중시켜 죽여서 군중을 놀라게 하였도다.

정걸은 충청수사까지 한 80세 늙은이로 한산도까지 와서 이순신 진영에 머물면서 판옥선과 불화살과 대총통 같은 무기를 잘 만들었도다.

신호는 이순신 부대 조산보만호로 임진년 첫 출전 회의 때는 출전을 반대하는 말을 했으나 일단 나가서는 용감하게 싸워서 많은 공을 세웠노라. 정유재란 때 남원성과 교룡산성을 구하러 갔다가 전사하였노라.

김인영은 이순신 부대 좌척후장이나 우척후장을 맡아서 앞에 나가 싸웠도다. 명량 해전에도 참전하여 공을 세웠고, 나중에 통정대부에 이르렀노라.

구사직도 이순신 부대 가리포첨사로 중위좌우장을 맡아서 싸웠도다. 율포 해전에서 적을 대파하였고, 노량 해전에서도 공격에 앞장서 공을 세웠노라.

위대기는 창검술에 뛰어난 장수로 이순신 부대에서 조전장을 맡았도다. 옥포, 적진포, 율포 해전에서 연달아 이기는 데 많은 공을 세웠도다.

김붕만은 이순신 부대 군관으로 부산 해전에서 전공을 세웠도다. 1597년 아버지 김황과 함께 한산도 해전에 참전해서 용감하게 싸우다 총탄을 맞아 전사했도다.

김득룡은 모래 100말을 들어 올릴 정도로 힘이 장사인데, 수차례 왜적을 물리쳤도다. 노량 해전 때 이순신이 전사하자 상처를 입고도 나가서 왜적 수십 명을 죽이고 전사하였노라.

정철은 우위장으로 당항포 해전에서 전공을 세웠고, 1595년 부산에서 전후장으로 나가 싸우다 전사했노라.

김두겸은 이순신 부장으로 힘이 장사고 무예가 뛰어났도다. 옥포 해전에서 적진에 들어가 왜군 363명을 죽이고 총탄을 맞아 전사하였도다.

이정충은 별도장으로 참전했는데, 적진에 들어가 포로를 많이 구해 왔노라.

정사립은 문학을 잘해서 앉은 자리에서 시 100편을 지을 정도였다더라. 무예도 뛰어나서 자청해서 이순신의 비장이 되었고, 장계와 공문서 초안 작성을 많이 하였도다.

우수는 안골포만호로 거제도 출신 장수라 주변 바다 지형과 물길에 밝아서 여러 전투에서 공을 세웠도다. 부산포 해전에서는 위험에 빠진 이순신을 구하기도 했노라.

이봉수는 제갈량 전법에 능하여 이순신 부대에서 전술을 맡았고, 주요 나루터에 쇠사슬을 설치하고, 높은 산에 망대를 설치하고, 화약을 만들어 공급하였노라. 이홍명도 전투 작전에 관한 정보를 많이 수집해서 이순신에게 자주 전해 주었노라. 변유한도 주로 이순신이 작전 짜는 일을 도왔노라. 신경황도 이순신이 각 진으로 보내는 정보를 전달하는 일을 실수 없이 잘하였노라. 제홍록도 군관으로 정탐을 잘하였노라. 이종호도 이순신 휘하에서 주로 작전 짜는 일을 했는데, 추운 겨울에 솜 수천 근과 청어 만여 마리, 곡식 천여 석을 마련해 와 군사들에게 공급하는 재주가 있더라.

군인이 아닌 일반 백성도 이순신을 많이 도왔도다.

이기남, 이지남, 이기윤 형제는 의병을 모아서 이순신 부대로 와서 도왔는데, 적진에 들어가 포로들을 되찾아 오는 일을 잘했노라.

이희만은 전쟁이 나자 많은 군수품을 준비해서 두 아들과 함께 이순신에게 보내 많은 전공을 세웠도다.

임환은 의병장으로 이순신 부대가 보화도에 있을 때 군량이 떨어져 어렵다는 소식을 듣고 자기 돈으로 곡식 수백 석을 마련해서 보내 주었도다.

김덕수는 명량 해전 때 곡식을 모아 이순신 부대로 갖고 왔도다. 박신도 의병을 모아서 이순신 부대로 와서 많은 왜적을 죽이며 싸우다 전사하였도다.

이응화는 첨사로 임진왜란 때 방답으로 귀양을 와 있다가 이순신 부대에 들어가서 왜선을 많이 쳐부수는 공을 세웠도다. 김만수는 임진년에 의병장으로 싸웠고, 1593년 진도군수가 되어서는 한산도에 있던 이순신과 광주 김덕령 부대에 군량미를 보급하였노라. 남녀문은 왜적인데 이순신에게로 와서 많은 일을 도와주었도다.

　이순신의 아들 이회와 이열, 조카 이봉과 이분, 이완, 외사촌 변존서도 이순신을 따라 함께 싸웠도다.

　이 밖에도 별처럼 많은 군사와 백성들이 이순신을 믿고 이순신을 따르며 이순신과 함께 싸웠노라.

싸움에 얽힌 여러 가지 이야기들도 전해 오노라.

　고금도 앞은 해남도고 뒤는 우장곶이라. 이순신이 이 섬을 돌아보니 물살이 빠르고 암초가 많더라. 우장곶에 깃발을 벌려 세우고, 법남도에 풀을 쌓아 군량처럼 보이게 하였도다. 도적이 겉모습을 바라보고 기습하려 배를 급히 몰아 들어오다가 암초에 배가 걸려 꼼짝 못하게 된지라, 우리 군사가 쳐서 크게 이겼다더라.

　명량은 전라우수영에서 7, 8리 떨어진 곳에 있는데 양편에 돌산이 깎은 듯 섰으며 어귀가 아주 좁아서 물길이 험한지라. 충무공이 그 어귀에 철사로 막았더니 왜적의 배가 이에 이르면 걸려 엎어지는 배가 부지기수라. 좌우 언덕 바위 위에 못을 박았던 구멍이 지금까지 뚜렷하도다. 그곳 사는 사람들이 이르기를 "이는 충무공이 쇠줄을 매어 왜선을 침몰시키던 곳이라." 하더라.

　한산도에 한 항구가 있는데 충무공이 왜적을 치면서 이 항구로 들어오매, 왜적이 크게 패하여 육지로 도망하여 올라가는 것이 고양이 떼와 같았다고 해서 그 후 사람들이 이곳을 고양이목이라 불렀다 하더라.

　하루는 충무공이 캄캄한 밤에 왜적과 대진하고 있을 때, 뗏목에 풀을 묶어 세우고, 세 갈래 나뭇가지로 횃불을 만들어 세워 왜적 함대 쪽으로 보냈더라. 왜적이 이것을 함선으로 알고 극렬하게 총과 활 쏘기를 오래 하여 그 화살과 탄환을 다 쓰기를 기다렸다가 비로소 나아가 치니 크게 패하여 달아났다고 하더라.

　하루는 충무공 함선 쪽으로 홀연 7색이 찬란한 상자 한 개가 물에 떠서 내려오거늘, 군사들이 건져서 본즉

금으로 만든 자물쇠로 잠겼는지라. 장수들이 보물 상자인가 하여 충무공께 열어 보자고 했으나, 공이 허락지 아니하고 톱을 갖고 오라고 하여 그 상자를 자르라 하니, 속에서 몸부림치며 부르짖는 소리가 나며 피가 흐르더라. 상자를 다 켜서 쪼개어 놓고 보니, 암살자가 비수를 들고 허리가 끊어져서 죽은지라. 장수들이 모두 놀라고 탄복하였다고 하더라.

하루는 달빛이 고요한 밤에 홀연 섬 가에 있는 수풀 곁에서 오리 떼가 놀라서 날아가거늘, 충무공이 배 안에서 자다가 베개를 밀치고 일어나 군사들에게 명령을 내려 물에 대고 총과 활을 한참 쏘았도다. 밝은 날에 보니 왜적들 시체가 물에 많이 떠내려 오는지라, 장수들이 그 까닭을 물으니 충무공이 가로되, "옛글에 달은 검은데 기러기가 높이 나니 오랑캐가 밤에 도망한다 하였으니, 밤중에 자는 오리가 어찌 까닭 없이 놀라서 날겠느가. 이는 반드시 왜병 가운데 헤엄질 잘하는 자들이 와서 우리 배 밑을 뚫어 침몰시키려고 하는 줄을 알고 총을 쏘라고 했던 것이라." 하더라.

김대인은 촌에서 온 병사인데 덩치가 크고 힘도 대단했다더라. 그러나 겁이 많아 북소리만 들으면 먼저 떨기부터 하여 한 걸음도 앞으로 나아가지 못하는지라. 충무공이 김대인을 가까이 두고 심부름을 시키다가 하루는 홀연 어두운 밤에 불러 가로되, "너는 내 뒤를 따르라." 하였느니라.

다른 사람 없이 앞에 서서 산부리 수풀 속으로 가더니 별안간 나무 사이로 불빛을 따라가니 두어 길 되는 가파른 언덕 아래 평지에 왜적 수십 명이 앉아서 밥을 먹는지라.

이순신이 김대인 손을 잡고 내려다보며 귀에 대고 가로되, "네가 한번 힘을 써서 저것들을 다 죽이는 게 어떻겠느냐?" 하니 김대인이 떨며 대답하여 가로되, "할 수 없나이다." 하니 이순신이 가로되, "네가 만일 이 일을 못할 거면 죽는 것이 옳도다." 하면서 발로 차니, 언덕 아래로 굴러 떨어졌는데, 왜병들이 놀래어 일제히 둘러싸는지라.

김대인이 이 지경에 이르매 달아날 길도 없이 금방 잡혀 죽기 직전이라 별안간 담력이 크게 일어났더라. 주먹을 들어 왜병 한 명을 쳐서 죽이고, 그 칼을 빼앗아서 소리를 벼락같이 지르며 공격하니, 그 칼이 번개같이 번득이며 그 소리에 산천이 진동하더니 잠시간에 왜병 수십 명을 다 죽이고, 김대인 스스로도 놀라서 전신에 피를 묻히고 서 있거늘, 이순신이 뛰어 내려가 손을 잡고 우시면서 가로되, "앞으로는 너를 귀하게 쓰겠노라." 하며 데리고 돌아왔도다. 그 후부터는 김대인이 왜적을 만나면 신바람이 나서 앞서 나아가 싸워서 여러 번 전공을 세운지라. 그 전공에 따라 가덕첨사를 맡겼느니라.

어떤 사람이 물었더라.

"이순신이 성공한 원인이 이렇게 여러 인재를 거두어 쓰고, 여러 가지 기발한 계교를 쓴 데 있소?"

"그렇지 아니하오."

이순신이 성공한 까닭은 오직 왜적의 탄환과 화살이

비 오듯 하는 곳에 우뚝 서서 도망가는 장수를 꾸짖으며 하늘을 가리키며 가로되,

"내가 죽고 사는 것은 오직 하늘에 달려 있도다!"
하던 단 한 마디에 있다고 하리라.

내가 죽고 사는 것은 오직 하늘에 달려 있으므로 칼날이라도 쉽게 밟으며 물과 불이라도 당당하게 들어가며 호랑이 굴이라도 두려움 없이 들어가나니, 이처럼 죽고 사는 걱정을 벗어나지 못하면 아무리 신묘한 지혜가 있을지라도 겁이 많아서 그 생각대로 쉽게 하지 못할 것이요, 아무리 강한 군대가 있을지라도 기세가 약하여 그 군사를 자유롭게 지휘하지 못할지라. 기세가 약하면 가시를 보고 돌부리만 만나도 겁을 내거든, 하물며 구름 모이듯 하는 수많은 적군을 어찌 두려워하지 않으리오.

오호라, 이순신을 따라서 배우고 싶은 자는 이 죽고 사는 관계를 꼭 벗어날지어다.

18. 이순신을 강감찬, 넬슨과 견주어 보노라

　내가 이순신 전기를 읽다가 나도 모르게 주먹으로 책상을 치고 크게 소리를 질렀노라. 오호라, 우리 민족의 힘이 이같이 약하게 된 시대에도 이순신 같은 사람이 있었으니 어찌 놀랄 바가 아니며, 우리 조정 정치가 이같이 부패한 시대에도 이순신 같은 공무원이 있었으니 어찌 또한 정말 놀랄 바가 아니리오. 조선 군인과 인민[109]이 전쟁을 경험하지 못하여 북소리만 들으면 놀라서 숨는 이런 시대에 이순신처럼 용감한 군인이 있었으니 어찌 진짜 신기한 일이 아니리오.

　어쩌다 일본이 강해졌다고 잘난 체하면서 약한 이웃

을 깔보고 무시함이 하늘을 찌를 때 이순신 같은 영웅이 나왔으니 어찌 기분이 즐겁고 산뜻하지 않을 수 있으며, 어찌 우리들이 두고두고 공경하며 그리워하지 않을 수 있으리오.

삼국 시절 우리 민족의 세력이 한창 뻗어 가던 때에 이순신이 있었거나, 조선 태종 때처럼 강하게 일어나는 시절에 이순신이 있었거나, 백성이 편안하고 나라가 부강한 시절에 이순신이 있었다면 그저 그렇겠거니 할 일이라 하겠지만, 이같이 모두 망가진 시절에 이순신이 있었으니 어찌 크게 놀라고 기이하며 이상하고 상쾌하지 아니할 수가 있으리오. 먼저도 아니 나고 후에도 아니 나고 오직 이 시대에 와서 우리 민족을 살리고 우리 역사를 빛내었으니, 장하도다 이순신이여, 성스럽도다 충무공이여.

---

109 인민 : 나라와 사회를 이루고 있는 사람들. 조선 시대에는 백성이라고 했고, 민주주의 개념이 들어오면서 '인민'이라는 말을 쓰기 시작했다. 해방되고 북한에서 '인민'이라는 말을 많이 쓰자 남한에서는 대신 '민중(民衆)'이라는 말을 쓰고 있다. 이 글에서 신채호는 모두 '인민'이라고 썼는데, 조선 시대 이야기에서는 '백성'으로 바꾸고, 신채호가 자기주장을 쓴 부분에서는 '인민' 그대로 두었다.

내 일찍 나라 안팎과 옛날부터 지금에 이르기까지 여러 인물을 이순신과 견주어 보노라. 고려 때 수십만 거란군을 무찌른 강감찬은 정치가 어지러울 때 나서 큰 난리를 평정한 것은 이순신과 같으나 적은 군사로 많은 적을 쳐서 이기는 신통한 지략은 이순신만 못하니라.[110] 고려 때 정지[111]가 해전을 잘하여 왜적을 소탕한 일은 이순신과 같으나 나라를 위하여 몸을 바치는 열성은 이순신만 못하고, 촉나라 제갈량[112]이 나라를 구한 일도 이순신과 같으나 수십 년을 나라 안 권리를 다 손에 쥐고 있던 정승이면서도 옛 도읍을 회복하지 못하였으니 이순신만 못하도다.

---

110 강감찬 : 고려 현종 때 쳐들어온 10만 거란군을 물리쳐 크게 이겼다. 당시 강감찬은 고려군 전체를 지휘하는 자리에 있었고, 고려 군사도 거란 군사보다 많았다. 그러나 이순신은 전라좌수영만 지휘할 수 있었고, 군사와 함선이 왜군의 1/10이 안 되었는데도 지략으로 이겼다.

111 정지 : 고려 공민왕 때 장군으로 여러 차례 왜구를 소탕하는 공을 세웠는데, 이성계가 위화도에서 회군할 때 참여했다. 곧 군인으로 요동을 정벌하라는 왕명을 어기고 돌아왔으므로 이순신보다 마음이 굳건하지 못하다는 뜻이다.

112 제갈량 : 촉나라 제갈공명이다. 지략으로 유명하지만 정승으로 있으면서 도읍을 되찾지 못했으니 이순신보다 못하다는 뜻이다.

강감찬 동상
강감찬은 고려 때 쳐들어온 수십 만 거란군을 맞아 귀주에서 섬멸했다. 강감찬은 고려 군사 전체를 지휘하는 자리에 있었기 때문에 이순신보다 훨씬 유리했다. _서울 관악구 낙성대

 그러면 이순신은 꼭 누구와 같다 할 수 있을까? 최근에 사람들이 영국 제독 넬슨[113]을 이순신과 같이 가로되, "옛날부터 지금까지 해군에는 동서에 두 영웅뿐이라." 하나니, 그러한가 그렇지 아니한가? 과연 누가 낫고 누가 못한 지 한번 견주어 보노라.

 물론 이순신이 넬슨과 같은 점이 많으니, 다만 해전하는 데 좋은 수단만 같을 뿐 아니라 세세한 일까지도 같은 것이 많도다. 초기에 이름을 아는 자 없던 것

---

113 넬슨 : 허레이쇼 넬슨. 영국 해군 제독으로 에스파냐와 프랑스 해군을 물리쳐서 영국이 그 이후 100년 동안 전 세계 바다를 지배할 수 있도록 했다.

이 같으며, 구차할 정도로 낮은 자리로만 여러 해 돌아다니던 것이 같으며, 해군 명장이지만 제1차 승전은 육전으로 시작한 것이 같으며, 1차 육전 후에는 그 생애를 해전에 바쳐 다시 육지에 오르지 아니함도 같으며, 더운 여름에 전장에서 더위 병을 얻어 위태하게 지냈음도 같으며, 탄환을 여러 번 맞고도 죽지 아니함이 같으며, 끝내 적군 함대를 다 쳐서 이기고 승전고를 울리며 노래를 부를 때에 탄환을 맞고 죽음도 같으며, 임금을 사랑하고 나라를 근심하는 열성도 같으며, 맹세코 도적과 함께 살지 아니하려는 마음도 같으며, 대적하던 적군이 강한 것도 같으며, 전쟁을 오래 끈 것도 같으니, 이순신과 넬슨을 서로 같다고 해도 맞는 말일 것이라.

그러하나 그때 영국과 우리나라 조선을 비교하면 어떠하며, 그때 영국 군사력과 우리나라 임진년 시절 조선 군사력을 비교하면 어떠하며, 영국 군사를 거느린 장수의 권리와 우리나라 임진년 조선 군사를 거느린 장수의 권리가 어떠하며, 영국이 전쟁하는 능력과 조선이 전쟁하는 능력이 어떠하였는가.

영국은 몇 백 년을 힘센 나라들과 경쟁하던 끝이라 이에 백성이 외적을 미워하는 사상이 넉넉하여, 사람마다 적군을 대할 때 뒤로 물러감을 부끄러워하므로 병사로 만들기 쉽고, 국가 중앙 금고에 몇 억만 재정이 있어 군비가 부족하지 아니하며, 기계 공장에서는 대포를 만들어서 군용으로 계속 공급하고, 각대 병사들은 앉아서 죽는 것을 싫어하고 모두 한번 싸우기를 좋아하며, 각 항구에 있는 큰 배들은 값을 못 받아도 전쟁에 한번 시험하여 쓰기를 기다리는데도 조정에서는 마음과 힘을 다하여 군비로 사다가 쓰며, 전국 백성은 한마음으로 전쟁에서 승리한 소식이 오기를 기도하노라. 그런즉 넬슨은 굳이 깊은 꾀와 멀리 근심할 필요가 없이 다만 뱃머리에 높이 앉아 휘파람이나 불고 있을지라도 성공하기 쉽다고 할 수 있노라.

이순신은 이와 달라서 군량이 떨어지면 군량을 직접 준비해야 하며, 무기와 기계가 부족하면 직접 제조해야 하며, 군사가 부족하면 군사도 직접 모집해야 하며, 그러므로 한편에서 전쟁하며 한편으로는 둔전을 만들어 군량을 생산하고, 직접 철을 캐어 병기를 만들고 배를 만들어야 하였도다. 그런데 동료 되는 원균 같은 자가 시기하며 한편으로 조정 신하들이 억울하게 죄를 주는 화를 입었도다.

　내가 생각하건대 넬슨이 이순신과 같은 여러 가지 어려움을 당하였어도 성공하였을지는 말하기 어려운 문제로다. 마지막에 원균이 어처구니없게 대패하여 6, 7년을 훈련시킨 날랜 장수와 건장한 군사며, 군량과 함선을 모두 불태우고 침몰한 후에 겨우 13척 배와 새로 모집한 군사로 바다를 덮으며 오는 수백 적선에 맞서 싸우려 할 때, 크게 말하여 가로되, "내가 있으면 적선이 비록 많더라도 우리를 감히 깔보지 못하리라." 하고, 바다를 향하여 한번 소리쳐 부르면 고기와 용이 위엄을 도우며, 하늘과 해가 빛을 잃고, 끔찍한 도적들 피로 바닷물을 붉게 한 것은 오직 이순신뿐이라. 옛날부터 지금까지 수많은 명장을 모두 늘어놓을지라도 충무공 이순신을 능히 이겨 낼 자가 실로 없으리로다.

19. 하느님이 두 번째 이순신을 기다리노라

　오호라, 저 넬슨이 비록 뛰어나다고 하나 만일 오늘날 20세기에 같은 군함을 갖고 바다에서 이순신과 서로 만나 싸운다면, 분명 하늘과 땅처럼 차이가 나리라. 그러나 지금 세계에서 제일가는 해군 제독으로 넬슨을 말하며, 영웅을 배우려는 자는 반드시 넬슨을 말하며, 역사를 외우는 자는 반드시 넬슨을 먼저 말하며, 또 군인다운 군인을 기르고자 하는 자는 반드시 넬슨 이름을 외우도다. 살아서는 영국의 넬슨이 죽은 후에는 전 세계의 넬슨이 되었도다.
　이순신은 중국 역사에 그 싸우던 일을 약간 기록하

강강술래 기념비
임진왜란 때 이순신 장군을 돕기 위해서 백성들이 산에 올라가 강강술래를 했다고 한다. 많은 백성들이 손에 손을 잡고 한마음으로 이순신을 위해서 춤추고 노래하며 응원하였다. 백성들은 또 다른 이순신을 기다린다.
_전남 해남군 우수영 관광 단지

였으며, 일본에서 그 위엄을 두려워할 뿐이며, 그 밖에는 우리나라 어린아이들 노래하는 데 오를 뿐이라. 세계에 널리 알리는 일은 철갑선을 창조한 일 정도로다. 오호라, 영웅의 이름과 명예에는 항상 그 나라 세력을 따라서 높아지기도 하고 낮아지기도 함이로다.

우리나라는 해전에서 제일가는 명장이 있고, 철갑선을 창조한 나라로다. 그런데도 오늘에 이르러 해군으로 가장 강한 나라가 되기는 고사하고, 불과 몇 백 년 사이에 자칫 나라 이름조차 없어질 지경에 빠졌으니, 나는 이렇듯 인민의 기운을 꺾으며 인민의 지식을 막고, 인민을 쇠약하게 만드는 까닭이 비루한 정치가 남긴 해독 때문임을 생각할 때 바닷물처럼 깊은 한이 맺히는도다.

  이에 이순신 이야기를 써서 고통에 빠진 우리 국민에게 널리 알리노라. 무릇 우리나라 사람들은 모두 이순신을 모범으로 삼을지어다. 하느님께서 20세기 태평양에 두 번째 이순신을 기다리느니라.

*해설

신채호가 쓴 이순신 이야기

　신채호가 쓴 〈수군의 제일 거룩한 인물 이순신전〉, 이 이야기를 요즘 사람들도 읽을 수 있게 풀어서 써 보았습니다. 오랫동안 한번 해 보고 싶었던 일이기 때문이지요.

　1960년대, 초등학교 6학년 때 학교에서 이순신 위인전을 읽고 독후감을 썼습니다. 우리 반 아이들이 쓴 글을 발표하는데, 원균을 미워하는 글이 많았습니다. 쳐들어온 왜적이 더 나쁜데 왜 원균을 더 미워하지?

　1970년대, 대학생이 되어서 독립운동에 대한 글을

신채호(1880~1936)
호는 단재(丹齋)로 성균관 박사.
일제가 침략하자 이에 맞서 싸우다
잡혀서 여순 감옥에서 돌아가셨다.
대한민국 임시 정부 수립에 참여했고,
국내외 신문에 논설, 역사, 시, 소설을
발표하면서 동시에 무장 투쟁을
하였다.

많이 읽었습니다. 항일 독립운동기에 '신채호가 쓴 이순신'은 조선 총독부가 읽지 못하게 하고, 갖고만 있어도 감옥에 갔답니다. 그런데 '이광수가 쓴 이순신'은 버젓이 신문에 연재도 하고, 출판되어서 읽히기도 하고, 교사를 기르는 사범 학교의 권장 도서까지 되었답니다. 조선 총독부는 왜 신채호가 쓴 이순신은 읽지 못하게 하고, 이광수가 쓴 이순신은 권장 도서에 넣었을까?

1980년대, 초등학교 교사가 되었습니다. 아이들을 가르치면서 어린이도서연구회라는 모임을 만들어서 어린이 책과 독서 교육을 연구했습니다. 신채호가 쓴 이순신과 이광수가 쓴 이순신을 읽어 보았습니다. 그제야 이순신 위인전기를 읽은 사람들이 왜적보다 원균을 더 미워하게 되는 까닭을 알았습니다.

  신채호가 쓴 이야기는 이순신이 왜적을 물리치기 위해 얼마나 애썼는가, 여러 장수와 병사와 백성들이 어떻게 함께했는가에 초점을 두었습니다. 그래서 읽고 나면 누구를 미워하는 마음보다는 이순신이 나라와 백성을 지켜야 하는 군인으로, 한 어머니의 아들로, 자녀를 둔 아버지로 부끄럽지 않게 살기 위해 얼마나 애썼는가를 느끼게 해 줍니다. 정말 이순신과 백성이 같은 편이었다는 것도 알게 해 줍니다.
  그런데 이광수가 쓴 이야기는 이순신 개인이 얼마나 위대한가와 함께 원균과 조선 정부가 얼마나 치사하고 나쁜가에 초점을 두었습니다. 그래서 읽고 나면 이순신처럼 훌륭한 위인을 못살게 괴롭힌 원균과 선조와 조정 관료에 대한 원망과 미움이 커집니다. 나아가 그런 조선은 망해도 되는 나라, 당연히 망해야 하는 나라로 생각하게 합니다.

당시는 수많은 독립운동가들이 침략자에 맞서 목숨 걸고 싸울 때입니다. 따라서 신채호가 쓴 이순신은 독립운동에 힘이 되고, 이광수가 쓴 이순신은 독립운동에 해가 되었습니다. 이순신이라는 같은 사람에 대한 이야기지만 누가 어떻게 쓰는가에 따라 이렇게 독자한테 끼치는 영향은 정반대가 될 수 있습니다.

이광수가 쓴 이순신이 독자한테 끼치는 가장 큰 해독은 독자가 자신을 이순신과 동일시하는 착각을 일으킬 수 있다는 것입니다. 그런 사람들은 '나는 가장 옳고 똑똑하며, 다른 사람들은 다 어리석고 나쁘다. 나는 애국자고 나를 비판하는 사람들은 원균처럼 나쁜 사람들이다. 그러니 내가 모든 것을 결정하는 것은 하늘의 뜻이다.'라고까지 믿게 되는 것이지요. 그런 사람들이 어떤 단체 회장이나 회사 사장이나 장군이나 대통령이 되면 자기 혼자 마음대로 하려는 독재자가 되는 겁니다.

그런 독재자 가운데 한 사람이 박정희입니다. 박정희가 대구사범학교 다닐 때 이광수가 쓴 이순신을 읽고 감동받았다고 합니다. 만일 그때 신채호가 쓴 이순신을 읽고 감옥에 갔다면, 마음에 이광수가 생각하는 이순신이 아니라 신채호가 생각하는 이순신이 있었다면, 이순신과 같은 군인 정신에 투철했다면, 절대 반란을 일으키지는 않았을 것입니다. 또 헌법을 자기 마음대로 바꾸면서 국민을 억압하고 죽이지도 않았을 것입니다. 이순신처럼 청렴하고 강직하며 국민들과 소통하고, 백성들 생명을 살리는 군인의 길로 가기 위해 애썼겠지요.

1990년대, 서점에서 판매하는 초중등 학생을 대상으로 만든 이순신 위인전 100종을 구해서 살펴보았습니다. 80%가 이광수가 쓴 이순신을 바탕으로 줄이거나 편집해서 쓴 글이더군요. 20% 정도만 신채호가 쓴 이순신이나 난중일기를 바탕으로 다듬어서 쓴 글이었습니다.

그런데 이광수는 소설가답게 한글로 읽기 쉽고 흥미진진하게 썼는데, 신채호는 성균관 박사였던 선비라 어려운 한문으로 써서 요즘 사람들은 읽기가 어렵습니다. 모함이나 배반처럼 흥미를 끌 만한 재미도 적습니다. 그렇다고 하더라도 저는 사람들이 신채호가 쓴 이순신도 읽어 보면 좋겠다고 오랫동안 생각해 왔습니다.

신채호가 대한매일신보에 '금협산인'이라는 이름으로 먼저 한문으로 연재하고, 며칠 뒤에 '패서성'이라는 이름으로 한글로 번역해서 실었습니다. 그런데 한문을 한글로만 바꾼 거라서 한문을 모르면 이해하기 어렵습니다.

마침 현북스에서 '천천히 읽는 책'에 신채호가 쓴 글을 풀어서 내자 해서 《꿈하늘》과 《용과 용의 대격전》을 출판했는데, 조금씩 독자 반응이 생겨났고, 이에 이순신 이야기도 낼 수 있게 되었습니다.

이 책을 초등학교 5, 6학년부터 중학교 1, 2학년 학생들, 그리고 교사를 비롯한 어른들이 함께 읽어 주기를 바라는 마음으로 잘 안 보이는 원문을 돋보기로 한 자 한 자 확인하고, 숫자는 최근 연구 결과를 바탕으로 바꾸고, 땅 이름도 요즘 주소를 확인하면서 풀어 보았습니다. 그래도 초등학생들한테는 어려울 수 있겠다 싶기는 합니다. 그러나 제가 초등학교 5, 6학년 때 독서 경험을 돌아보면, 책을 좋아하거나 역사를 좋아하는 아이들이라면 이 정도는 읽을 수 있겠다 싶습니다.

글맺음을 '-한다', '-합니다'로 바꾸었다가 '-하였도다', '-하노라', '-하느니라'처럼 다시 옛날 글말체를 살려 놓았습니다. 100년 전에 쓰던 글말체를 살리는 게 신채호 선배님의 마음을 느끼게 하기에 좋고, 초등학교 5, 6학년 국어책에《장끼전》같은 판소리를 읽기 교재로 싣고 있으니까 이런 문체로 쓴 책이 한두 권 있어도 좋겠다는 생각이 들었기 때문입니다.

제가 어릴 때 외할아버지가 읽으시던 옛날 한글 소설책을 읽으면서 낯설면서도 신기했던 기억도 났습니다. 여러분이 이런 문체로 쓴 글을 처음 읽는다면, 처음에는 조금 어렵고 어색하겠지만 다 읽고 책장을 덮을 쯤에는 색다른 맛을 느낄 수 있을 겁니다.

빨리 읽으려고 하지 말고 천천히 생각하면서, 신채호 선배님의 마음을 느끼면서, 모르는 낱말이나 사건이 나오면 국어사전에서 찾아보거나 인터넷으로 검색을 해 보면서 천천히 읽어 보기 바랍니다.

다 읽었으면 다른 사람이 쓴 이순신에 대한 책이나 이순신 장군이 쓴 《난중일기》를 읽어 보기 바랍니다. 그다음에 한 번 더 읽어 보기 바랍니다. 처음 읽었을 때보다 다른 느낌과 생각, 더 깊고 넓은 세상을 여러분 마음속에서 만나게 될 것입니다.

대한민국 100년, 2018년 3월 1일
이주영 씀

원작 **신채호**

단재 신채호 선생은 망국 시대에 모든 것을 바쳐 일제와 싸운 처절한 혁명가였으며, 오로지 일제 타도와 조국 해방 외에는 아무것도 바라지 않았다. 선생은 일제 타도를 위해 언론, 문학, 사학, 대종교, 아나키즘, 다물단, 의열단 등 가능한 모든 수단과 방법을 동원하여 싸웠다. 각 분야에서 큰 업적을 남겨 참지식인의 전형을 보여 준 선생은 이미 민족 사학의 이름으로 찬란한 우리의 고대사를 연구하고 복원하였다.

글 **이주영**

30여 년 동안 초등학교에서 아이들과 살았고, 어린이도서연구회 이사장, 한국어린이문학협의회 회장, 한국글쓰기교육연구회 사무총장을 지냈다. 지금은 어린이문화연대 대표, 우리헌법읽기국민운동 공동대표를 맡고 있다. 주요 저서로 〈어린이문화운동사〉, 〈부모와 자녀가 함께 읽는 어린이책 200선〉, 〈책으로 행복한 교실 이야기〉, 〈어린이 해방—그날로 가는 첫걸음〉, 김구의 '나의 소원'을 풀어쓴 〈내가 원하는 우리나라〉, 신채호의 소설을 동화시로 풀어쓴 〈꿈 하늘〉, 〈용과 용의 대격전〉 등이 있다.